JN295479

madame
FIGARO
Books

パリの雑貨とアンティーク。

フィガロジャポン編集部＊編

阪急コミュニケーションズ

Sommaire 目次

chapitre 1
La Vie à Paris
パリの暮らしが見えてくる、雑貨&アンティーク。

- 008　色彩豊かなガラスの繊細で素朴な透明感。
  - 010　Bachelier Antiquités　バシュリエ・アンティキテ
  - 012　L'Objet qui Parle　ロブジェ・キ・パルル
- 014　遠い過去の魔法がかけられた、永遠に変わらない銀の輝き。
  - 016　Templier　タンプリエ
  - 017　A la Mine d'Argent　ア・ラ・ミン・ダルジャン
- 020　ひと針ひと針が夢を紡ぐ、可憐なレースの世界へ。
  - 022　Au fil d'Elise　オ・フィル・デリーズ
  - 023　Francine Dentelles　フランシーヌ・ダンテル
- 026　使い込むほどに飴色に輝き、手になじむ木の優しい感触。
  - 028　Sophie Dupont　ソフィ・デュポン
  - 029　La Bovida　ラ・ボヴィダ
- 032　洗練とほっこり感がミックス、優しいミルク色の陶器たち。
  - 034　Fanette　ファネット
- 036　100年は使える、長生き雑貨のホウロウ。
  - 037　Cuisinophilie　キュイジノフィリー
  - 038　Brocante de Mamie Gâteaux　ブロカント・ドゥ・マミィ・ガトー
- 039　家族の味が染みた、代々受け継がれるポット。
  - 040　Folle du Logis　フォル・デュ・ロジ

chapitre 2
Comment Bien Chiner?
コレクターに聞くアンティークの見分け方、愛し方。

- 044　サフィア・トマス・ベンダリ　「ラデュレ」イメージ、コミュニケーション、マーケティング部長
  - 049　Anthinea　アンティネア　／　J.Kieken　ジー・キーケン

050	**ヴァレリー=ローズ・ファイファー**　「ボン・マルシェ」コンサルタント		
	053　Trolls et Puces　トロール・エ・ピュス		
054	**アニエス＆ジャック・ショイ**　「ルイゾン」デザイナー		
	057　Belle de Jour　ベル・ドゥ・ジュール		

058　Column 1 Nos Coups de Cœur
フランス10地方を巡る、おすすめ民芸大集合！
　　　063　La Tuile à Loup　ラ・テュイル・ア・ルー

chapitre 3
Allons aux Marchés!
くるくる散策が楽しい、蚤の市とアンティーク街へ。

066　**クリニャンクールの蚤の市**

Vernaison

070	Boulevard des Ecritures　ブルヴール・デ・ゼクリチュール	079	Jacqueline Sainsère　ジャクリーヌ・センセール
072	Paul Maurel　ポール・モレル	080	Daniel et Lili　ダニエル・エ・リリ
073	Art Publicitaire　アール・ピュブリシテール	081	Objets en Transit　オブジェ・アン・トランジット
074	Pascal Eveno　パスカル・エヴノ		**Serpette**
075	Janine Giovannoni　ジャニンヌ・ジョヴァノーニ	082	Artémise & Cunégonde　アルテミーズ＆クネゴンドゥ
076	Lili et Daniel　リリ・エ・ダニエル	083	Le Monde du Voyage　ル・モンド・デュ・ヴォヤージュ
077	Florence Nugue　フロランス・ヌーグ		**Biron**
078	Francine Dantelles　フランシーヌ・ダンテル	084	May　メー
		085	取材店以外の おすすめショップとレストラン＆カフェ

086　**ヴァンヴの蚤の市**
089　Monoprix　モノプリ

090　**お散歩気分で出かけたい、注目のアンティーク街❶　ヴィラージュ・サンポール**
091　Le Cygne Rose　ル・シーニュ・ローズ

092	EW	ウードゥブルヴェ
093	Au Petit Bonheur la Chance	オ・プティ・ボヌール・ラ・シャンス
094	Au Passe Partout	オ・パス・パルトゥ
095	L'Angelus	ランジェリュス
096	お散歩気分で出かけたい、注目のアンティーク街❷　ポパンクール	
097	Belle Lurette	ベル・リュレット
098	Trolls et Puces	トロール・エ・ピュス
100	Déviations	デヴィアシオン
101	La Maison	ラ・メゾン
102	Recycling	リサイクリング
103	Alasinglinglin	アラサングラングラン

chapitre 4

Les Créateurs Aiment Bien...
宝もの拝見！クリエイターのキッチン＆バス雑貨。

106	アンヌ・ユベール	ホームアクセサリークリエイター
110	フィフィ・マンディラック	グラフィックデザイナー
114	ソフィ・レヴィ	アクセサリーデザイナー
118	ロール・アルドゥワン	雑貨クリエイター

122	Column 2 Nos Coups de Cœur
	街で見つけた定番雑貨、ラブリーコレクション。

chapitre 5

Nos Meilleures Adresses
欲しい雑貨はここで探そう、街で評判のお店。

130	Vizzavona	ヴィッザヴォナ
131	Loulou les Ames Arts	ルル・レ・ザーム・アール

132	Archi-Noire アルシ・ノワール		
133	Belle de Jour ベル・ドゥ・ジュール		
134	Broc2bars ブロックドゥバール		
136	Et Puis C'est Tout エ・ピュイ・セ・トゥ		
137	Phoenix フェニックス		
138	E.Dehillerin ウ・ドゥイルラン		
140	Mora モラ		
141	A.Simon ア・シモン		
142	Quincaillerie Leclercq カンカイユリ・ルクレール		
144	Emilie エミリ		

146	Droguerie Leprince ドログリイ・ルプランス		Fleux' フリュックス
	Vilmorin ヴィルモラン		Ladurée ラデュレ
	Le Cèdre Rouge ル・セードル・ルージュ	148	Hermès エルメス
	Le Petit Atelier de Paris ル・プティ・アトリエ・ドゥ・パリ		Baccarat バカラ
	Astier de Villatte アスティエ・ドゥ・ヴィラット		Home Autour du Monde ホーム・オトゥール・デュ・モンド
	Cire Trvdon シール・トルドン		Mariage Frères マリアージュ・フレール
	Le Jardin d'Olaria ル・ジャルダン・ドラリア		Gien ジアン
	BHV ベーアッシュヴェ		Serendipity セレンディピティ
147	Le Prince Jardinier ル・プランス・ジャルディニエ		Les Touristes レ・トゥーリスト
	Le Bon Marché ル・ボン・マルシェ		La Vaisselerie ラ・ヴェセルリー
	Sabre サーブル	149	Christofle クリストフル
	Caravane Emporium カラヴァンヌ・エンポリウム		Just for Life ジャスト・フォー・ライフ
	Vis à Vis ヴィ・ザ・ヴィ		Carouche カルッシュ
	Jardin d'Ulysse ジャルダン・デュリス		Oliviers & Co. オリヴィエ・エ・コー
			Luka Luna ルカ・ルナ
			Vert d'Absinthe ヴェール・ダプサント

150 *Plan de Paris*
雑貨とアンティークを巡るパリの地図

●本書に掲載したデータは、2011年1月現在のものです。
　店舗の情報、価格、商品の取り扱いの有無などは、
　取材時と変更になっている場合もありますので、ご了承ください。
●map A-❶などの記号は、P150-157のマップ番号を示します。
　クリニャンクールの蚤の市の各店舗はP66にマップがあります。
●住所情報の略記：Ⓜ=最寄りの地下鉄駅
●クレジットカードの略記：Ⓐ=AMEX、Ⓓ=DINERS、Ⓙ=JCB、Ⓜ=MASTER、Ⓥ=VISA
●1ユーロ=約113円（2011年1月末現在）

chapitre 1

**パリの暮らしが見えてくる、
雑貨&アンティーク。**

La Vie à Paris

**ガラス、銀製品、レースに陶器。
昔もいまもパリジェンヌの暮らしに
よりそってきた雑貨やアンティークには、
素敵な物語がひそんでいました。**

Verrerie

色彩豊かなガラスの
繊細で素朴な透明感。

　涼しげなガラスの器は、大きさやボトルの丈、そして形など表情がいろいろで、想像をかきたてる。フランスのキッチン用ガラスは、昔からグリーン系なのだと、バシュリエ・アンティキテのフランソワさんが語る。「食品を保存するために、外光を遮る役目があったからなんです」
　冷蔵庫が普及する以前、各家庭には貯蔵庫があり、そこに豆や穀類、野菜、キノコやパテなどの食材をグリーンガラスのボトルに入れて密閉保存していたのだそう。また食材以外にも、水やビネガー、フルーツベースの食前・食後酒などのリキッド類も、このボトルに収めた。ガラスは、昔から人々の暮らしには欠かせない大切なキッチン道具だったのだ。
　フランスのガラス文化は古い。ルイ14世はヴェネチアングラスを模したグラスを作らせた。17世紀には、当時技術の発達していたチェコから製法が伝わり、国内で作られるように。気泡が残る手吹きガラスは、なんともいえない味があり、コレクターが多い。19世紀になると、ロレーヌ地方がガラス工房の産地として栄え、レ・ジスレットやラ・ロレーヌなど有数の製造元が発達していった。陶器の窯元としても有名なこの地方では、ボトルの蓋にもエナメル加工された陶器を使用したが、1950年代にはガラス素材のデザインに移行していく。
　ガラス瓶で保存することにより食品の味や風味が保て、ビタミンやミネラルなどの栄養素も失われない。ガラスはフランスが誇る、味わい深く美しい、キッチンの働きものなのだ。

手吹きガラスで1点ずつ丁寧に作られ、ふぞろいな形や透ける気泡が美しい。グリーンやブラウンの色の濃淡で、違った雰囲気に仕上がっている1900年代のボトル。

chapitre 1・La Vie à Paris　009

Bachelier
Antiquités

バシュリエ・アンティキテ

調理器具を通じて、文化を伝えたい。

ヨーロッパ最大規模を誇るクリニャンクールの蚤の市で唯一のキッチン専門のアンティークショップ。25年ほど前のオープン以来、一貫してフランスの伝統的な調理器具やオブジェだけを取り扱っている。特に18世紀前後のガラス器やボトルのコレクション数は圧巻で、コレクターが世界中から集まってくるそう。現オーナーは2代目のフランソワさん。

ライトアップされたガラス瓶のコーナー。

Où trouver?

map D-❶
Marché Paul Bert 17, Allée 1,
93400 Saint-Ouen
☎ 01・40・11・89・98
Ⓜ PORTE DE CLIGNANCOURT
営 10時〜16時(月)
　 10時〜18時(土、日)
休 火〜金　カード：Ⓐ、Ⓙ、Ⓜ、Ⓥ
www.bachelier-antiquites.com

上：18世紀の料理台からスプーンまで、大小あらゆるキッチンオブジェでぎゅうぎゅうの店内が楽しい。下：大きなボトルもワインボトルで19世紀にピレネー地方で作られていたものだそう。

chapitre 1・La Vie à Paris　011

L'Objet qui Parle

ロブジェ・キ・パルル

掘り出し物のガラスをハント！

フランスの田舎をイメージしたキッチン雑貨や庭にまつわるナチュラルテイストなアンティークのブロカント。週末ごとに買いつけに行き、良質で鮮度の高いセレクトを良心的な価格で紹介している。1993年のオープン以来、オーナーのドミニクとギヨームの確かな審美眼には定評がある。

Où trouver?
map H-❷
86, rue des Martyrs 75018
☎06・09・67・05・30
Ⓜ ABBESSES 営13時〜19時30分
休日、祭　カード不可

小さな店内にぎっしりと並ぶ商品は1850〜1920年代が中心。オーナーとのやりとりも楽しい、パリらしい店。

Pour en savoir plus

形の違いや刻印を見ながら、上手にセレクト。

有名メーカーはここ、刻印が歴史を語る。

L'Ideale
リデアル社の創業は1925年。ガラス産業が活発となった20世紀初頭からの大手メーカーのひとつだ。社名のスタンプが入った白陶器の蓋は1950年まで製造され、それ以降はボトルと同じガラスの蓋にデザインが変更されていく。

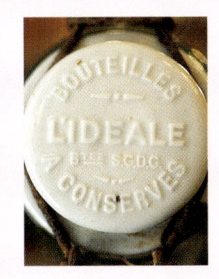

Dur For
リデアル社と同様、20世紀に入ってから誕生したメーカーのひとつ。クリスタルのような洗練された高級ガラスではなく、強度の高さと安さで一般に広く愛される。食品用ボトル以外にも、薬品用など広範囲にわたって生産してきた。

La Lorraine
ルイ14世が当時の美しいヴェネチアングラスに対抗するため、オランダからガラス職人を呼び寄せて工房を建てたのが、ラ・ロレーヌ。フランスのガラス文化を支えてきた製造元。

Les Islette
東フランス、アルザス近くのロレーヌ地方にあるレ・ジスレットは、1873年の創業。鉄道開通と同時に産業が栄え、1914年まで手吹きガラス中心の工房として名を馳せた。

Argenterie

遠い過去の魔法がかけられた、永遠に変わらない銀の輝き。

　古くからのフランスの伝統で、赤ちゃんの誕生祝いに銀製品を贈るという習慣がある。洗礼の時に銀のスプーンをくわえさせると一生食べ物に困らないとか、銀は丈夫だから何百年たっても変わらず持ち続けることができるとか、魔除けやお守りになるとか……。誕生祝いだけでなく、入学や結婚、クリスマスなど、フランスでは何か特別な記念日や人生の節目に贈るものとして、銀が素敵な役割を担ってきた。

　だから、パリで出合うアンティークの銀には、祈りや希望、感謝、愛が込められている。フランス製の純銀を手にすると、言葉では言い表せない感触に心が揺れる。でも、本物かどうか見極めるのは難しそう、と思ったら、意外とシンプルな方法があった。"ポワンソン"と呼ばれる、1～2m㎡ほどの枠に人の顔や動物が描かれた、小さな刻印が製品のどこかに必ず押されているという。それを見れば本物かどうかだけでなく、年代もわかると専門家は言う。それぞれの刻印には名前があり、たとえば1819～38年のものは"ヴィエイヤール"、それ以後は"ミネルヴ"、という風に。店の人も年代を表す際に、その名前を口にすることが多いので、知っていると便利。「私はこの宝石のような銀の光に魅せられたの。でも銀を特別扱いしないで。毎日使えば、永遠に変わらない美しさを保つのだから」と、タンプリエのマルティーヌさん。銀の魔法を知るには、銀と人生を添い遂げることになるのだ。

さまざまな形やデザインのあるカトラリー類。ア・ラ・ミン・ダルジャンでは、ひとつだけ上に出して、リボンで結びラッピングされて並ぶ。

chapitre 1・La Vie à Paris 015

上：店の責任者であるマルティーヌさん。彼女の両親も以前、パリで銀の専門店を営んでいたという。下：純銀の年代を記すマーク、ポワンソンを示す表。

Templier

タンプリエ

18世紀のシルバーから、ブランドのカトラリーまで。

オークションハウスのドゥルオーの目の前にあるこの店は、1946年にオープンした、信頼できる名店。18世紀の高価で希少なものや、クリストフルやピュイフォルカなどのブランドものなど、アンティーク銀の名品が揃っている。

Où trouver?

map A-③
10, rue Drouot 75009 ☎01・55・33・11・90
Ⓜ RICHELIEU-DROUOT
営 10時〜13時30分、14時30分〜18時
休 土、日、祭

A la Mine d'Argent
ア・ラ・ミン・ダルジャン

愛情たっぷりに、銀に命を吹き込んで。

膨大な量の商品に圧倒される小さな店内には、カトラリーから大皿まで、ありとあらゆる銀製品が揃う。創業80年の老舗店では、アンティークだけでなく新品も扱う。古くなった銀を磨いたり、壊れたものを修理してもらうこともできる。

左：ショーウィンドーには、ハサミや写真立てなど、手頃な価格の小物が飾られている。右：入り口の扉は店員さんが開けてくれる。

Où trouver?

map C-4
108, rue du Bac 75007
☎ 01・45・48・70・68
Ⓜ RUE DU BAC
営 10時～19時(月～金)
　 11時～18時(土)
休 日、祭
カード：Ⓐ、Ⓓ、Ⓙ、Ⓜ、Ⓥ
www.mineargent.com

Pour en savoir plus

誕生祝いや記念日に。大切な人に贈りたい銀コレクション。

Les Boîtes

手のひらに収まるくらいの小さな愛らしいボワット(箱)は、シガレットケースやピルケースなど。さまざまな形や模様、イニシャル入りなどがあり、価格も手頃(1点、約100ユーロ)なことから、性別を問わずプレゼントとして人気の商品。コレクションする人も多い。

Art Déco

クラシックな銀製品の需要が減っている中、若い人にも人気なのが、アールデコ時代のもの。シンプルでモダンなデザインは、現代の暮らしにもすんなり似合う。保温効果もある銀はスープや煮込み皿としても最適で、写真はジョン・テタールというデザイナーもの。

Pour Bébé

フランスから始まりヨーロッパ中に広まった、誕生祝いに銀製品を贈るという習慣は、もちろんいまでも続いている。銀には抗菌作用もあるため、中に鈴の入ったガラガラなどは口にくわえても大丈夫。赤ちゃんの喜ぶような動物モチーフも多い。イニシャルが彫られたスプーンやタンブル（カップ）、ナプキンホルダーなども誕生祝いの定番アイテム。

Les Marques

現在でもシルバーブランドとして有名なクリストフルやピュイフォルカは、アンティークでも数多く残る。デザインも洗練されていて、贈り物にも素敵だ。写真は1880年代のクリストフルのカトラリー92本セットで1,650ユーロ。美しい彫り模様のブーランジェのプラトー（お盆）やピュイフォルカのアシエット（平皿）なども新品同様の輝き！

chapitre 1・La Vie à Paris　019

Dentelle

ひと針ひと針が夢を紡ぐ、可憐なレースの世界へ。

　透けるように、糸と糸の間から浮かび上がるレースの模様。それは目を細めないと見えないほど繊細で美しい世界なのに、その昔、ひと針ひと針、手で編んだものだということを知ると、気が遠くなるような驚きを覚える。

　クチュリエの歴史と文化のある街だからこそ、パリでアンティークのレースを探すなら、まずは手編みのレースに触れてほしい。機械編みが発達する1920年代以前、上流階級の人々の衣服の飾りであったレースは、丹念に時間をかけて紡いだ職人技そのもの。現代の職人では作ることができないものもあり、そのほとんどは女性の手による仕事だが、ハンドメイド独特の不揃いさもあったりして、それもまた愛おしく感じられる。

　お手入れは「ハンカチやブラウスなど、汚れたものは必ず手洗いで。コレクターは、繊細な手編みのエシャルプ（首かけ）や襟などは絶対に洗わない」と、レースのスペシャリストでフランシーヌ・ダンテルのオーナー、フランシーヌさんは言う。でも、使ってこそレースの魅力を知る近道。クチュリエ気分で、アンティークのリボンレースを袖や裾にちょっと縫い付けてみる、というのも素敵な楽しみ方のひとつである。

「あまりレトロすぎないよう、モダンな空間に改装した」というオ・フィル・デリーズ。シンプルな店内に整頓されたレースが並ぶ。

chapitre 1・La Vie à Paris

Au fil d'Elise
オ・フィル・デリーズ

乙女心をくすぐるセレクト。良質なレースドレスが充実。

25年ほど前からレース屋としてこの場所にある店を引き継いだ現オーナーは若い女性。「手編み、機械編みにこだわらず、美しいレースが好き」と彼女が言うように、洋服からテーブルクロス、リボン類まで、状態のいい良品ばかり。

Où trouver?
map B-5
2, rue de l'Ave Maria 75004 ☎01・48・04・75・61
ⓂST PAUL 営13時〜19時 ※日曜不定休
カード：Ⓐ,Ⓓ,Ⓙ,Ⓜ,Ⓥ www.aufildelise.com

オーナーのエリーズさんは美しく聡明な女性。

リボンやハンカチも豊富。マネキンや花とともにディスプレイ。

左:レトロなマネキンに古いドレスやブラウス、ぎっしりと積み上げられたレースの山に囲まれて、タイムスリップしたような気分。右:オーナーのフランシーヌさんは、レースの話を始めたら止まらない!

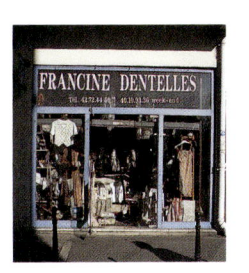

Francine Dentelles
フランシーヌ・ダンテル

希少なアンティークが揃う、パリで一番のレース専門店。

店内に所狭しと飾られたレースは圧巻! かつてデザイナーだった頃から、趣味で集めていたレースを売るようになったというオーナーのフランシーヌさんは、レースのスペシャリスト。クリニャンクールの支店にいることもあるので、訪れる際は要予約。

Où trouver?
map B-⑥
2, rue de l'Ave Maria 75004
☎06・07・41・99・01 ⓜST PAUL
営15時~19時 休日、火、木、土
カード:Ⓐ、Ⓜ、Ⓥ

chapitre 1・La Vie à Paris　023

Pour en savoir plus

贅を凝らしたレースの、奥深い魅力。

ハンドメイドが美しい、レース編みの手法。

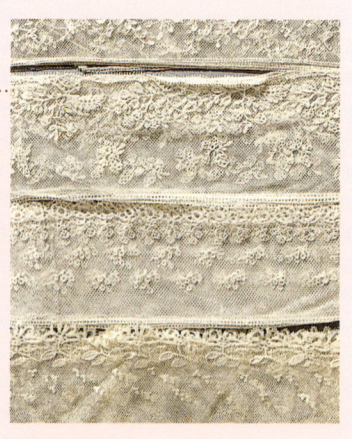

Point à Alguill

19世紀末、北フランス発祥の手法であるポワン・タルギュイユは、1cm²を作るのに1週間もかかるという、フランス最高級のレース。レースの目が詰まった、立体的なデザインが特徴的だ。上流階級の人が結婚の際に作ったというムショワール（ハンカチ）1枚で、約300〜400ユーロもする。

Application

アプリカシオンと呼ばれる手法のリボンレースは、細かいチュール（機械編みのものもある）の上にレースをアップリケのように手で縫い付けたもの。袖口やスカートの裾などにつけて飾るためのもので、1m約15ユーロ〜と比較的安価で、アンティーク店などでも手に入れやすい。

Blonde de Bayeux

バイユというフランス北西部にあるレース本場の町で作られた、ブロンド・ド・バイユという手法。通常コットンの糸で編むことが多いレースだが、シルクを用いることで色が光沢感のあるブロンド色になることから名づけられた。エシャルプという首かけや付け襟などが多く作られている。

レースを飾って作られた、
代表的なドレスや下着。

Dentelle Noir

1920年代以降、機械編みのレースが主流になると、それまであまりなかったカラーのレースが流行するようになる。黒やグレーなどのダークカラーのレースはカクテルドレスなどに使われた。オ・フィル・デリーズで見つけた40年代のレースドレスは、260ユーロ。

Robe d'Art Déco

第一次世界大戦が終わった1920年代、シンプルでモダンなデザインが流行ったアールデコ時代になると、ファッションもミニマムなシルエットのドレスに、装飾はレースのみ、というのがトレンドだった。胸元とスカート部分に金糸のレースが施されたドレスが美しい。

de Valenciennes

バランシエンヌというフランス北部にある町は、ネグリジェやスカートの下に着るジュポンなど、日常使いのレース下着を多く作っていた。襟元や裾にレースを施し、服の下からちらりと見せるのがおしゃれだった1910～20年頃のものが多く残る。イニシャルが入ったものも人気。

Planche & Spatule

使い込むほどに飴色に輝き、手になじむ木の優しい感触。

　フランスのキッチンには、なんてたくさんのまな板や木ベラが並んでいるのだろう！ 料理上手のキッチンには必ず、何種類かのまな板が壁にかかり、何本もの木ベラがポットに収まっている。使い込まれて色の変わった道具たちが、誇らしげに愛らしく。

　いろいろな形があるまな板は、シンプルな丸型やドロップ型、そしてパン屑が床に落ちないようにスノコ状になったものや、肉を切る時に旨み汁を逃がさないよう縁に溝がついているものなど、用途別にさまざま。つい手に取って、使い勝手を想像するのも楽しい。20世紀初めまで、まな板はシンプルな分厚い長方形で、バリエーションが増えたのはその後から。昔から硬くて弾力がある、表面が滑らかなブナの木を使用することが多かった。最近はエコロジーブームで、成長の早いバンブーも人気の素材だ。

　木ベラの種類は、まな板以上に豊富。ベーシックな形は先が斜めにカットされた平たいもので、これはピュレを作る時に野菜をまんべんなくつぶすため。ソースやスープ用のしゃもじ型は何時間もコトコトと火にかけたお鍋をかき回すのに便利。ほかにもサラダやソテー、パスタ用まで、ありとあらゆる料理に対応できる形が揃っている。木ベラの素材もブナの木が主流で、水や熱に強いのが特徴だ。

　いまはプラスチック製も多いけれど、昔ながらの木ベラを探すならブロカントがおすすめ。いろいろな形が見つかるし、使い込まれて飴色に変色した木ベラの独特の風合いには、あたたかな香りが満ちている。

パンを切ったり、パセリを刻んだり、お鍋のソースをくるくるかき混ぜたり。あわただしい料理に欠かせないまな板と木ベラは、キッチンで大活躍。

chapitre 1・La Vie à Paris　027

「キレイに撮ってね」と、笑顔で迎えてくれる仲良し母娘。オーナーのソフィさん(左)とお母さんのネネさん(右)。

Sophie Dupont

ソフィ・デュポン

モンマルトル村の人気ブロカント。

モンマルトルの丘の裏側、下町情緒いっぱいのエリアに店を構えて20年以上のソフィ・デュポン。オーナーは蚤の市にスタンドを持っていたこともある、アンティーク一筋のソフィさん。キッチンものやリネンなど、フランスの日常で昔から使われてきた雑貨を手頃な価格で紹介している。

Où trouver?
map H-7
49, rue Ramey 75018
☎01・42・54・69・30
Ⓜ JULES JOFFRIN
営 14時〜19時30分
休 月　カード：Ⓜ、Ⓥ

La Bovida

ラ・ボヴィダ

料理道具がすべて揃う、プロ御用達の専門店。

1969年までパリジャンの胃袋を支えてきたレ・アール市場近くには、料理専門店やビストロなどの名店が軒を連ねている。そのなかの1軒、1937年に創業のラ・ボヴィダは料理に関するあらゆる道具と小物が揃い、プロも通う信頼の店。ほかに、スパイスなどの食材も豊富に取り扱っている。

Où trouver?
map A-8
36, rue Montmartre
75001
☎ 01・42・36・09・99
Ⓜ ETIENNEMARCEL、LES HALLES
営 10時〜19時(月、土)
9時〜19時(火〜金)
休 日、祭　カード：Ⓜ、Ⓥ

モダンな内装の店内は、用途別に陳列されているから目的のものがすぐに見つかる。

Pour en savoir plus

毎日使うものだからこそ、機能的でかわいい道具を。

**不思議なフォルムも納得！
まな板は用途別に使いこなす。**

バゲットなどパン専用のまな板。カットする時に残るパン屑はスノコの下に落ち、スノコを取り外して捨てられるという仕組み。エコなバンブー素材。27.60ユーロ/ラ・ボヴィダ

ニンニクやエシャロットなど小さな野菜用。穴に紐を通してフックにかければ取り出しが簡単。大きさ違いもあり、いくつも常備するのがフランス流。4.01ユーロ/ラ・ボヴィダ

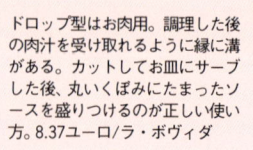

ドロップ型はお肉用。調理した後の肉汁を受け取れるように縁に溝がある。カットしてお皿にサーブした後、丸いくぼみにたまったソースを盛りつけるのが正しい使い方。8.37ユーロ/ラ・ボヴィダ

形ごとに意味がある、
料理上手の強い味方。

左から、スープやパスタに万能のおたま型。細いフォーク型はサラダサーバー。楕円形はスープやソースを混ぜるため。パスタ用はゆで具合をチェックするためにフォークのような形状に。先が斜めになったヘラはピュレ用。ベーシックな丸型はソース用。5〜10ユーロ/以上ソフィ・デュポン

chapitre 1・La Vie à Paris　031

Faïence Blanche

洗練とほっこり感がミックス、優しいミルク色の陶器たち。

　手にした瞬間のやわらかい感触、土のぬくもりを感じられるのが、ファイアンス（陶器）の魅力。なかでも白い陶器には繊細な装飾が施されていたり、使い込むうちに微妙な色の変化があって、なんともいえないあたたかな味わいが増してくる。

　フランスで最初に陶器が作られたのは、17世紀。当時は白、または渋い色の手描きの絵付けが主流だった。ナポレオン1世時代には、白無地の優美なフォルムが流行し、貴族階級に好まれたという。19世紀以降になると、柄に比べ手間がかからず価格も手頃な白が多く出まわっていった。そして最近のパリでは、シックな白陶器の人気が復活している。クリームだったり、青みがかっていたり。同じ白でも、時代や窯元によりニュアンスが違うのもコレクター心をつかむ秘密だ。器裏の刻印で製造元や年代が特定できるから、昔の人々の暮らしにそっと思いを馳せるのもいい。

　素朴な土の香りと、ほっこりとあたたかく上品な雰囲気。違う白を何枚も重ねて、キッチンに置いておきたい。

ひとつずつ表情は違っても、不思議と調和するのが白の器の魅力でもある。

chapitre 1・La Vie à Paris　033

Fanette
ファネット

陶器には、美しい昔話が隠されている。

オーナーのマガリさんと、インテリアのディスプレイを長年手がけていた母親のクローディアさんが経営する老舗アンティークショップ。「美しいフランスメイドを紹介したい」というのがコンセプト。センスと品質にファンが多く、さまざまなアンティークの歴史的造詣の深さにも定評がある。

Où trouver?
map C-9
1, rue d' Alençon
75015
☎ 01・42・22・21・73
Ⓜ MONTPARNASSE BIENVENUE
営 13時〜19時
休 日、祭
カード：Ⓙ、Ⓜ、Ⓥ

さりげないディスプレイにも抜群のセンスのよさを感じるファイアンスのコーナー。優しい光に溶け合う白の陶器が美しい。

Pour en savoir plus

器の裏の刻印から、有名窯元の陶器をゲット。

Creil & Montereau

左：1820年のクレイユ社の皿は、色スタンプでなくシンプルに社名だけが残る最古の刻印。中：クレイユ社とモントロー社が合併後、1880年代には杯モチーフにイニシャルが記されている。右：船のモチーフの刻印は1860年のもの。

Digoin

ディゴワン×サルゴミン窯はモダンな刻印が目印。写真は1930年のもの。ディゴワン焼はクリームがかったやわらかい白が特徴で、ファンが多い。20世紀初期に多く生産され、現在の蚤の市やブロカントでも比較的見つけやすい。

Luneville

山脈に囲まれたロレーヌ地方は、窯焼きに必要な木材が豊富なことから陶芸が盛ん。1728年創業のリュネヴィルはこの地方最古で、フランス王家へも献上していた由緒ある窯元。青の効いた美しい白が特徴。写真は1880年のもの。

Choisy-le-Roi

19世紀初頭に創業のショワジー＝ル＝ロワ。鉄道の発達とともにパリ近郊という地の利のよさで栄えてきた。1924年にクレイユ＆モントローを吸収後、創設者オンリ・ブーロンジェのイニシャル入りでH・B・C・Mの刻印に変わった。

Emaile

100年は使える、長生き雑貨のホウロウ。

　田舎のキッチンにあるようなホウロウは、眺めているだけでほっこり気分。17世紀から生産が始まり、軽くて壊れにくいという利便性から普及していった。当初は白のモノトーンが主流で、18世紀以降に鮮やかな色の模様が登場。時代とともに柄や色も変化してきた。洗った後にきちんと乾燥させる。それさえ守れば100年以上も使い続けることができるのも、ホウロウの魅力だ。「キッチンをぱっと明るくしてくれるホウロウ。昔っぽい姿を楽しんで」と、キュイジノフィリーのアニーさん。

Pour en savoir plus
時代とともに鮮やかに、色と模様で歴史をチェック！

左：左から、1900年の白に青のライン入り。水色に白の菱形模様は1910年。青のチェック柄は1930年代。ダミエ柄は1940年のもの。右：1930年の無地シリーズ。／以上ブロカント・ドゥ・マミィ・ガトー

Cuisinophilie
キュイジノフィリー

キッチンアンティーク専門店の、信頼のセレクション。

「飾るだけでなく、日常で使われてきた道具こそ価値があり美しい」と語るオーナーのアニーさんは、リセで元美術教師だった人。キッチンをテーマにし、小さな店内にはフランス国内から収集したホウロウのほか、ボウルやポット、お皿などが賑やかに並んでいる。

左：大きさが違う6つの調味料入れのほか、窓側のマッチ箱までお揃いの希少性の高いシリーズは17世紀のもの。セットで130ユーロ。
右：店内に石の壁が美しく残る17世紀の建物。

Où trouver?
map B-⑩
28, rue du Bourg
Tibourg 75004
☎01・40・29・07・32
Ⓜ HOTEL DE VILLE
営 14時〜18時30分
休 土〜月、祭
カード：Ⓜ Ⓥ

chapitre 1・La Vie à Paris　037

Brocante de Mamie Gâteaux
ブロカント・ドゥ・マミィ・ガトー

懐かしくてかわいい、とっておきのホウロウ。

1930～50年代のミッドセンチュリーを中心に集められたキッチン雑貨やステーショナリーなどのアンティークはすべてフランスメイド。オーナーの日本人とフランス人夫妻が20年以上にもわたって集めてきた雑貨が並んだ店内は、おもちゃ箱のような楽しい雰囲気。

Où trouver?
map C-⓫
70, rue du Cherche-Midi 75006
☎01・45・44・36・63 Ⓜ SEVRES BABYLONE
営11時30分～18時 休日、月、祭
カード：Ⓐ Ⓙ Ⓜ Ⓥ www.mamie-gateaux.com

マダムはキッチン雑貨、ご主人がステーショナリーや家具集めなどを担当しているそう。

Pot
家族の味が染みた、代々受け継がれるポット。

　ポットは、母から娘へ伝える道具として大切に継承されてきた。1940年くらいまでは刺繍リネンと一緒にお嫁入りの品として贈られていたという。
　ポットの用途はさまざまで、ジャムやマリネ、パテやフォアグラ用など色も形もバリエーションに富んでいる。土と水が豊かなフランス国内の広範囲で生産されていたので、古いものは製造元が特定できないものも多いそうだ。
　食材の旨みを引き出す土焼きのポットは、昔もいまもフランスの台所で、家族の味を作り続けている。

Pour en savoir plus
3つの豆知識で、正しいポットの選び方。

用途別に、色も形も種類がたくさん。

手前は古ぼけた色がかわいい1930年代のテリーヌポット。ブルゴーニュのニエーヴル焼、36ユーロ。右奥はシチューなど煮込み用。厚めの底で耐熱性に富んでいる。25ユーロ。左奥はロレーヌ地方のサルグミン社メイドのジャムポット、8ユーロ/以上フォル・デュ・ロジ

産地別の特徴は、焼き色の違いから。

フランス国内で特に有名なポットの産地であるロワーヌ支流のニエーヴルと、中央フランスのベリー。右のニエーヴル焼は明るめの色。1920年製の壺、50ユーロ。左のベリー焼は暗めの色。1900年製。65ユーロ/ともにフォル・デュ・ロジ

ポットの裏に、サイズ表記の刻印入り。

数字が刻印されている器の裏側。小さい数ほど器のサイズが大きくなるそう。製造元によってはまれに逆の場合もあり。裏返して確認するのが、ポット選びの正しい作業。

chapitre 1・La Vie à Paris　039

土の香りがどこか優しい雰囲気を醸し出す。いろいろな色と形のポットは、長い間フランス家庭のキッチンを支えてきた。

かわいいキッチン雑貨であふれているので時間をかけてチョイスしたい。お気に入りの一点がきっと見つかるはず。

Folle du Logis
フォル・デュ・ロジ

ポットならおまかせ、プロも信頼する名店。

ヴィラージュ・サンポールの中でもとりわけ静かな中庭に面した田舎のブロカントのような佇まい。1900〜40年代のテーブルウェアがテーマで、インテリアスタイリストなどのプロもチェックに訪れる信頼の品揃え。棚や窓際にさまざまなポットが並ぶ素敵なディスプレイも必見。

Où trouver?
map B-⑫
25, rue Saint Paul 75004
☎01・44・61・79・02
ⓂST PAUL
営11時〜13時、14時〜18時
休火、水、祭　カード不可

chapitre 1・La Vie à Paris

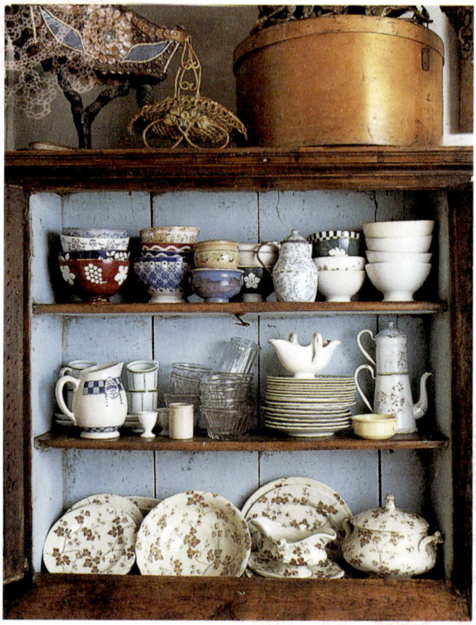

chapitre 2
**コレクターに聞く
アンティークの見分け方、愛し方。**

Comment Bien Chiner?

アンティークを愛してやまない
パリジェンヌのコレクターたちが、
選ぶ時のこだわりポイントや
おすすめショップを教えます。

Les Bijoux

優雅な時代の高貴な輝き。
この世にたった1点という出合いに魅せられて。

サフィア・トマス・ベンダリ
「ラデュレ」イメージ、コミュニケーション、マーケティング部長

1900年頃のネックレスとブレスレットをつけたサフィア。ボリュームたっぷりな舞台用ジュエリーは彼女のコレクションテーマのひとつ。

「その美しさはもちろん、この世にたった1点しか存在しない品というのは、素晴らしいこと。現代のジュエリーには、ぜんぜん興味がわかないの」
　リセ時代、祖母の持っていたカメオのブローチをママから譲られたのが、サフィアの最初のアンティークジュエリー。自分で初めて購入したのは20歳の頃、ヴァンヴの蚤の市で見つけた貝のカメオの指輪だった。こうしてコレクションが始まり、いまやたいそうな数となった。繊細な手仕事の18、

19世紀ジュエリーがメインなので、季節ごとに出し入れし、眺めて、触って楽しむだけの品が多いという。いつも珍しい指輪やネックレスをつけて、周囲の感嘆を集める彼女だが、それはコレクションのごく一部だったとは。
「自分で身につけられる小ぶりのジュエリーを買うことから始めるのがいいでしょう。最初は骨董価値などあまり考えないで、好きか嫌いかで選べばいいのよ。もちろん適正価格で購入することは大切。クリスタル・ドゥ・ロッシュ（水晶）やパールの指輪なら500ユーロくらいで見つけられるのでは？」

　サフィアはこう初心者にアドバイスする。気に入る品を見つけ、買い集めるうちに、目が養われ……。彼女は最初、カメオにしか興味が持てなかった。それが、アンティークフェアでスタンドを出していたジュエラーのアンヌと知り合い、彼女からいろいろ学び、薦められて、徐々にコレクションの幅が広がったそうだ。時代、スタイル、素材など、サフィアのプロ並みの知識は買い集めるうちに培った。彼女の収集テーマをお手本に、コレクター第一歩を踏み出すのはどうだろう。

アンティークジュエリー選びのポイント
Le secret de choisir les bijoux anciens

1 貴石も半貴石も基本的には傷がつかない。傷がついていたらガラスであることが多い。

2 質や時代を証明する種々の刻印の中に18金以上を意味するものがある。金が希少な時代に使われた銅と金の合金には刻印がない。

3 金属は磨くと輝きが戻るので、古い品でもいまの品に見えることがある。

4 技術から時代がわかるので通は裏を見る。19世紀のジュエリーではリヴェットの打ち込み方が手仕事と明快。またパーツが溶接されていたら、それは古い品にあらず。

5 ダイヤが稀少な時代に、ガラスをダイヤのようにカットして使用。それらは"ライン河の小石（ラインストーン）"と呼ばれていた。

6 購入時に、時代、石や金属の素材など詳細を記載した領収書をもらうこと。記載と実物に異なりがあった場合、30年間、返却ができる。ただし鑑定家の目を通してから競売されるオークションの品は、基本的に返却不可。

Le Cristal de Roche

ダイヤでもない、ガラスでもない輝き。

ダイヤモンドが希少な時代に白い輝きを求めて使われたのが、水晶。この時代に多用されたガラスに比べ、輝きが半透明で深みがある。サフィアは主に18世紀のものをコレクションする。

Les Camées

メノウを彫った19世紀のカメオを中心に。

貝、石、象牙に浮き彫りを施したカメオが印章や工芸品を超え、ジュエリーに多く使われるようになったのは19世紀。サフィアが好むのは、珍しいレリーフやミルキーな風合いのメノウ。

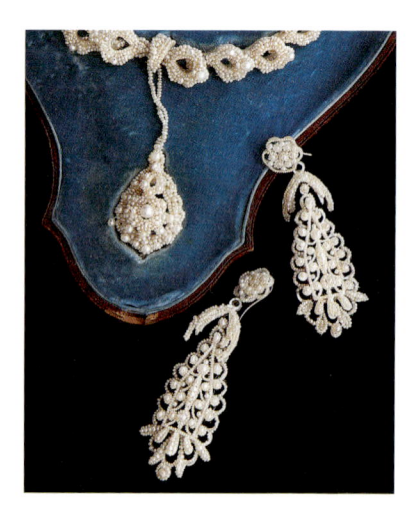

Les Perles

ヴィクトリアン時代の繊細な淡水パール。

19世紀後半の英国製パリュール（装身具のセットをこう呼ぶ）。この時代は英仏間の交流が深く、ジュエリーのスタイルも影響し合った。ボリュームより、繊細な仕事がこの時代の特徴だ。

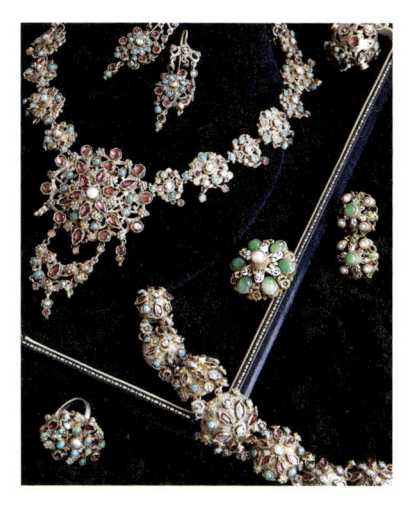

Les Bijoux Austro-Hongrois

50年の帝国の歴史から生まれたスタイル。

1867年から1918年まで存在したオーストリア・ハンガリー帝国。短い時代なのでジュエリーもあまり作られていないだけに希少、そして高価だ。パールやルビーが多用されている。

Les Bague de Gants

手袋をはずさない席では、指輪でおしゃれ。

サイズが大きいのは、手袋の上にはめる指輪だから。18世紀、セレモニーなど手袋をはずさない機会に男性たちがはめた。それに対して、この時代の女性の指輪は小ぶりだった。

Les Bijoux de Deuil

喪に服す女性のモーニングジュエリー。

ジェットや黒檀を主な素材とし、喪中の女性がつけられる黒いジュエリーがヴィクトリア時代に生まれた。亡き愛する人の髪を編んだ花などのモチーフを入れられるロケット式もあった。

Les Croix

女性がモードとして身につけた十字架。

十字架もジュエリーのモチーフのひとつ。左のメタルと半貴石は18世紀のもの。右のシルバーとアメシスト、中央のエナメルのものは19世紀。似合うリボンを通して、ネックレスに。

Les Bijoux de Sentiment

愛情、結婚、出産……思い出のジュエリー。

ハートやパンジー(仏語では"思い"と同義語)のフォルム、はめ込んだ小さな肖像画、彫ったメッセージなどで愛情や友情を表現するジュエリー。家族内で代々継承される品の複数づけも。

下左:パンジーのペンダントトップの裏側。ロケットになっている。下右:白蝶貝の指輪のモチーフは愛の寺院。サイドに"友情の思い出に"と刻まれている。

Anthinea
アンティネア

サフィアが信頼をおく、個人ジュエラー。

店を構えず、ジュエリーを持って客の元に出向いてくれるアンヌとは15年くらい前に知り合った。18世紀のガラスビーズのネックレスやカメオなど、彼女からの購入品はどれも個性的で美しい。

e-mail
anthineabartoli@club-internet.fr
(Anne Bartoli-Gouyon)

Recommandation

J.Kieken
ジー・キーケン

19世紀のジュエリーが眠る、サンルイ島の信頼の1軒。

「私はモーニングジュエリーをここで買ったの。サンルイ島にあって、初心者にも入りやすい店よ」とサフィアが薦める。19世紀のジュエリーをメインに扱う親切なオーナーに、何でも質問を。価格は150～300ユーロが中心。

メタルの小さな粒を連ねて輝きを出す〝ポワン・ダシエ〟は、19世紀の技術の特徴。イヤリングやブローチなど種類豊富だ。

家具やオブジェも扱う骨董店。

Où trouver?
map B-⓭
21, rue le Regrattier 75004
☎01・55・42・14・50　Ⓜ PONT MARIE
営10時～18時30分　休月　カード：Ⓐ、Ⓜ、Ⓥ

chapitre 2・Comment Bien Chiner?　049

Les Fleurs

花の名前を持つ乙女が集めるのは、庭に咲くような花のオブジェ。

ヴァレリー＝ローズ・ファイファー

「ボン・マルシェ」コンサルタント

彼女が着ているワンピースは、ブエノスアイレスで買ったローズ模様のヴィンテージ。アンティークブローチはe-bayで購入したもの。

「私の名前に"ローズ"って入っているでしょ。だから小さい頃から花のものを集めてきたの。スタイリストだった母に連れられて蚤の市やブロカント屋にもよく行っていたから、自然と古いモノが好きになった」と語るように、ラブリーな彼女の家に飾られているのは、ほぼすべてアンティーク。それも花、花、花！「特に好きなのは、ローズとピヴォワンヌ（シャクヤク）。パリのアパルトマンで暮らしていると庭がないから、ジャルダン・

上：いま最もハマっているのが"バルボティーヌ"という花器。立体的なデコレーションが特徴で、アールヌーヴォー以前のものが多い。欠けやすく繊細だから、いい状態で見つけるのが難しい。さまざまな蚤の市で集め、現在8個。下左：子ども部屋にもバラのシャンデリア。下右：結婚前、ご主人からの初めてのプレゼントは、鉄製のバラのオブジェ。当時の彼のルームメイトがブロカント屋をしていたことから手に入れたそう。

　デ・フルール（庭に咲く花）に惹かれる」

　最近のこだわりは、花の美しさが浮かび上がるような、ダークカラーがベース色であることと、花がデフォルメされていたりするようなデザインではないこと。キュートな彼女の人柄と、まるで本当に咲いているような花々のオブジェに囲まれたこの家にいると、自然とハッピーな気持ちになってくる。

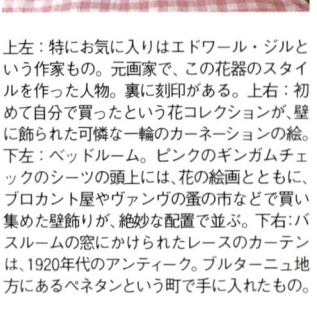

上左：特にお気に入りはエドワール・ジルという作家もの。元画家で、この花器のスタイルを作った人物。裏に刻印がある。上右：初めて自分で買ったという花コレクションが、壁に飾られた可憐な一輪のカーネーションの絵。下左：ベッドルーム。ピンクのギンガムチェックのシーツの頭上には、花の絵画とともに、ブロカント屋やヴァンヴの蚤の市などで買い集めた壁飾りが、絶妙な配置で並ぶ。下右：バスルームの窓にかけられたレースのカーテンは、1920年代のアンティーク。ブルターニュ地方にあるベネタンという町で手に入れたもの。

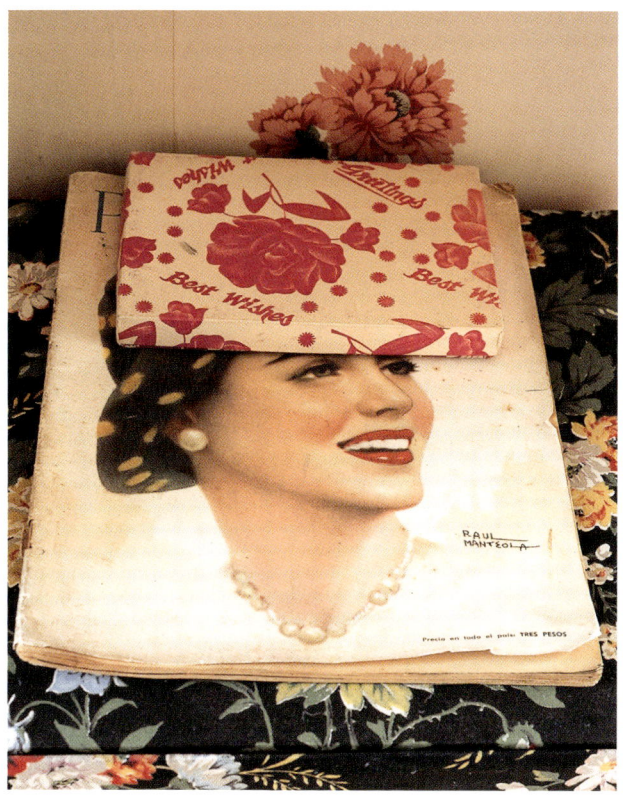

マリー=エレーヌ・ドゥ・タイヤックから贈られたという、ピンクのローズが描かれたインドのアンティークの箱はとても気に入っている。

> Recommandation

Trolls et Puces
トロール・エ・ピュス

人気エリアのブロカント屋で宝探し。

11区のポパンクールエリアは、人気のブロカント街。そのなかでも最も規模の大きなこの店は5人のディーラーが手掛けているだけあって、家具から食器までさまざまなモノが揃っている。「蚤の市気分で楽しむことができる」とヴァレリー=ローズ。

＊ショップデータはP98

多くのモノが並ぶ広い店内では、細い通りを抜けながら、いろんなコーナーを楽しめる。

chapitre 2・Comment Bien Chiner?　053

Les Cosmétiques

香りフェチの彼が愛する、ベルエポックの香水瓶や貴婦人たちのコスメグッズ。

アニエス＆ジャック・ショイ
「ルイゾン」デザイナー

仲のいい素敵な夫妻。教材用の生物見本など不思議なものも多く集めていて、互いの誕生日や記念日にプレゼントし合いコレクションを増やす。

　かつて優雅な貴婦人たちが使っていた、小さくて愛らしい香水瓶を手のひらにのせると、女性なら誰しも幸せな気分になれる……と思ったら、実はこのコスメコレクション、アニエスではなく彼女の夫ジャックが集めているもの。自身も常に11種類もの香水をブレンドし身につけているというジャックは、香りフェチ。アニエスがハンドクリームを替えただけでもわかるとか。

「古い化粧品や香水瓶が自然と集まったのは、香りが好きだから。香りから発想される、古き良き時代のフランスの景色や空気が感じられる」。ジャックがアニエスに贈った初めてのプレゼントは、80年代のイヴ・サンローランの石鹸「オー・リーブル」。いまではアニエスも影響され、夫婦で外国旅行をする時の楽しみは各地の石鹸を集めることだという。

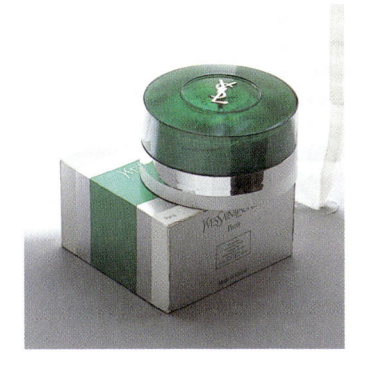

上：絵画や本などが飾られた天井まであるリビングの棚の1列を使って、きれいにコスメグッズが並べられる。下：ジャックがアニエスに贈ったイヴ・サンローランの「オー・リーブル」。いまも使わずにとってある。

chapitre 2・Comment Bien Chiner?　055

上：なんと800個以上のキーホルダーも集めているふたり。コスメにまつわる品をピックアップ。中：ゴールドの豚たちは、1930年代のリップケース！ 形が面白いものを見つけると、手に入れずにはいられない。下：パウダー類は、30年代のクラシックなものなど、ボックスのデザインで選ぶ。顔用の白粉やストッキング代わりのパウダーなど。

コスメコレクションの中でも最も多いのが、古い香水瓶。バカラの作ったゲランの香水瓶やブルジョワの美しいブルーのガラスなど、オブジェとしても美しい。

> Recommandation

Belle de Jour
ベル・ドゥ・ジュール

クラシックなガラスの瓶が勢揃い。

クラシックな香水瓶からパリの古いお土産品まで売っている、とジャックが教えてくれた、モンマルトルの丘の麓にあるこの店は、王妃やセレブなども御用達の有名店。18世紀のものからアールヌーヴォー、アールデコ時代、バカラやサンルイなどのバスルームグッズまで揃う。

＊ショップデータはP133

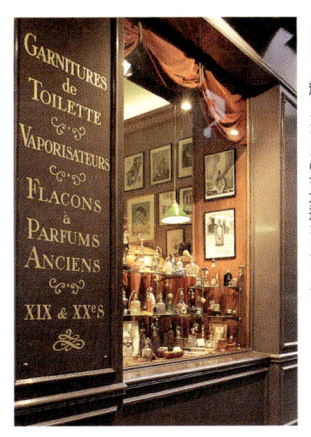

目の前にはサクレクール寺院がそびえる。ウィンドーできらきらと輝くガラスの香水瓶がロマンティック。

Column 01
フランス10地方を巡る、おすすめ民芸大集合!

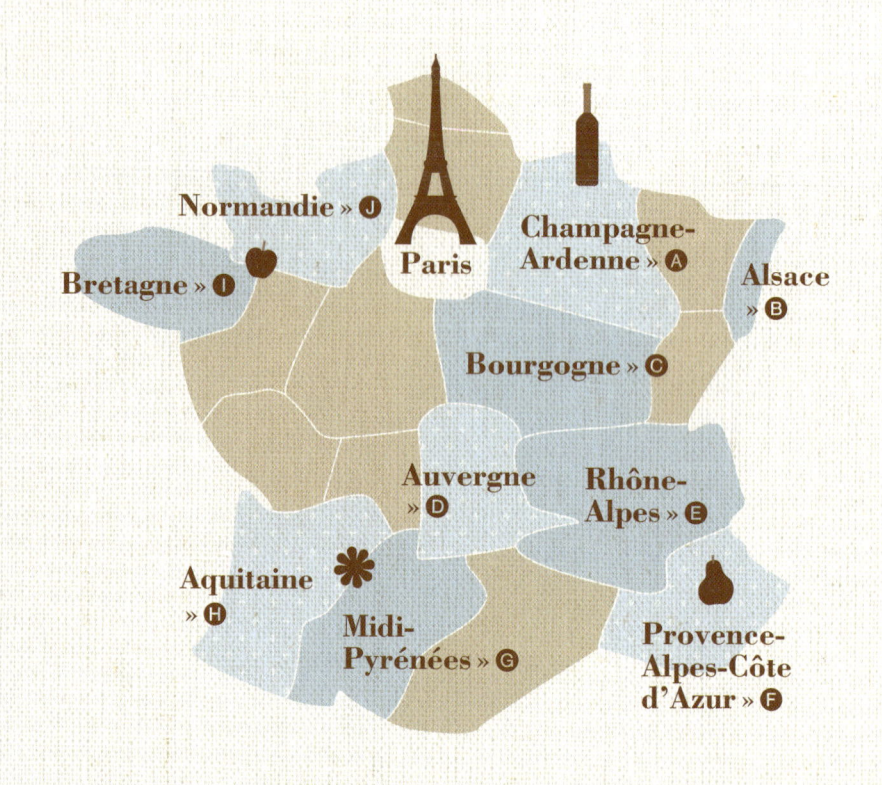

- Normandie » J
- Bretagne » I
- Paris
- Champagne-Ardenne » A
- Alsace » B
- Bourgogne » C
- Auvergne » D
- Rhône-Alpes » E
- Aquitaine » H
- Midi-Pyrénées » G
- Provence-Alpes-Côte d'Azur » F

Champagne-Ardenne

Ⓐ シャンパーニュ＝アルデンヌ

シャンパンをおいしく飲むために、
イチゴ摘みに出かけましょう。

セーヌ川の支流、マルヌ川の上流に位置するこの地域は、シャンパンの産地。シャンパンによく合うというイチゴを入れるためだけに存在する、ここならではのカゴがある。白木が赤く染まるのを想像すると、頬がゆるむ。

イチゴを入れるためのカゴは表面の皮を剥いだヤナギ製 65ユーロ

Alsace
B アルザス

北部バラン地方の土が生む、郷土料理のための器。

その昔戦争でフランスとドイツの狭間に立たされた土地柄ゆえか、受け継がれた郷土料理を守り作るための器が豊富に揃う。使うのがもったいないほど絵付けが愛らしく華やかなスフレンハイム村の器と、1300度で焼かれる渋めのベッチュドルフ村のグレ焼を紹介。

上：ポテトと肉を重ねて焼くベッコフという郷土料理用。52ユーロ 〜 下：コショウやニンニクをつぶすのに使うグレ焼のすり鉢は、手の収まりもよい。135ユーロ

郷土菓子クグロフのケーキ型。陶器製のものは熱の伝わりが抜群なんだそう。60ユーロ

高温で焼くグレ焼のソルト＆ペッパーはニワトリと枝の小鳥がほほえましい。85ユーロ

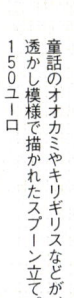

左：スプーンを使わず、耳を持って飲めるボウル。40ユーロ 右：田舎の職人が、太ったブルジョワの人々を小馬鹿にしたマルキーピッチャー。142ユーロ

童話のオオカミやキリギリスなどが、透かし模様で描かれたスプーン立て。150ユーロ

Bourgogne
C ブルゴーニュ

田舎風に作られた、装飾的な陶器。

大まかに東西に分けられるブルゴーニュは良質な土の産地。なかでもサンアマン・アン・ピュイゼ村のグレ焼が有名。土っぽさを感じる、個性的な田舎風のデザインがたくさん作られている。大量生産期に始まったという、筆についた色を払いつけて模様を描く、ムシュテという絵付けも人気。

column 1・Nos Coups de Cœur

Auvergne
D オーヴェルニュ

目を見張るほど繊細な、フタと鍵付きのパニエは、コレクションする人しか買えないほど高価な品に。330ユーロ〜

優しい籐のぬくもりを感じて。

冬はとても寒い地方のひとつで、暖炉の火をおこすための道具を作る職人もこの地方に存在している。長い冬を、昔の人々は、カゴを編んだり、制作活動に費やして過ごしたという。未来に残したい職人技も、減少の一途。

左：壁掛け用のスプーン立ては、昔各家庭にあった必需品。120ユーロ　右：凛としたくちばし風の注ぎ口のピッチャーは、ワイン用。92ユーロ

鳥と花の伝統柄が描かれた大皿ケーキやカナッペを盛りつけて。180ユーロ

Rhône-Alpes
E ローヌ=アルプ

ドットに花柄、小鳥など、女子に人気の愛らしさ。

鳥と花の伝統柄と、水玉模様がこの地方の特色。あたたかみのある優しいカラーと絵付けにほっこりする。牧場の人が山でミルクをすぐ搾って飲めるように作られた、ベルトに掛ける取っ手付きの山歩き用のボウル、太くて丸い形が愛らしいミルクピッチャーなどもこの地方ならでは。

左：果物や動物などを題材にした絵付けが人気のプレートは、ひとつとして同じものがないという。作家のユーモア満載。各42ユーロ　右下：伝統の水玉柄を身にまとったカフェオレボウル。深めのサイズがいい。各25ユーロ

Provence-Alpes-Côte d'Azur

F プロヴァンス゠アルプ゠コートダジュール

ブルジョワが熱狂した、エレガントな地中海風。

19世紀にブルジョワたちがこぞって注文したという、デュールフィ村のルイ15世様式の食器は、地中海カラーのハチミツイエローやグリーンが鮮やか。土自体に色が練り込まれ、表面だけでなく断面もマーブル模様になっている繊細なテール・メレ技法はアプト村の名産品だ。

グリーンのサラダボウル220ユーロ

ハチミツ色の伝統色は地中海の太陽のよう。魚を盛りつけて。135ユーロ

左：野菜の薄切りを重ねてグラタンのように焼く、ティアン用の深皿110ユーロ
右：表面のみがマーブル模様になったジャスペ技法の皿。180ユーロ

テラコッタの風合いが大地を連想させる。郷土料理のカスレ器はオーブン対応。25ユーロ〜

Aquitaine

H アキテーヌ

庭仕事にも畑仕事にも、マルチに活躍。

ドルドーニュ川の近郊に広がるアキテーヌ地方には農家が多く、有名なカゴの産地。庭仕事をするための道具を運ぶためのカゴから、野菜を運んだり買い物に持つものまで。マルチに活躍するカゴは地元民の必需品。

Midi-Pyrénées

G ミディ゠ピレネー

最高級の食材を、素朴な器で。

スペインとの国境のミディ゠ピレネーは、大地の恵みと地中海の風土が織り成す最高の食文化を持つ地方。キノコ、トリュフ、黒豚、鴨など、最高級の食材に合わせるのがこんな素朴な器。大地の色をした器が豊富だ。

エスカルゴ状に編まれたヤナギのカゴ。ペリゴールパニエ120ユーロ〜

白い部分は皮を剥いだもの。濃い部分は煮て色をつけたという2色使いのジャガイモ専用のカゴ。115ユーロ

*B*retagne
❶ブルターニュ

魚や野菜をせっせと運ぶ、頑丈なカゴ。

カンペールの陶器が有名なここは、海が近く、サーディンなどの魚を運ぶカゴなども昔から作られている地域。牡蠣を入れるための平たいカゴによく似た、ジャガイモ保存用のカゴは、どの家庭にもあったそう。

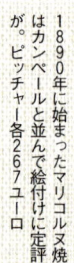

1890年に始まったマリコルヌ焼はカンペールと並んで絵付けに定評が。ピッチャー各267ユーロ

左：ウサギより耳と後ろ足が長いリエーブル（野ウサギ）のテリーヌ器。長方形の小サイズ。195ユーロ　中・右：「コトンタンのゴレ（豚）」と呼ばれるピッチャーは、注ぎ口部分がなんと豚！ 最後に塩を入れて焼き上げて、メタリックに仕上げる。中22ユーロ、右18ユーロ

*N*ormandie
❷ノルマンディ

人や動物をモチーフにした、ユニークなアート性。

北の海辺からパリの北西部まで広範囲のノルマンディは、緑豊かな風土。屋根飾りやテリーヌ用の器に動物をあしらったユニークな作品が豊富に作られている。どれも制作に時間がかかる彫刻的なもので、アート作品に近く、使うのがもったいないほど。

左：土色に白ペイントが映える、鳥のつがいが蓋のつまみになったスープポット。1人用。130ユーロ　右：愛らしい子豚がのったテリーヌ器は、小ぶりなので粗塩を入れたり、小物入れにしてもよさそう。160ユーロ

おすすめ民芸品はこのショップで

La Tuile à Loup
ラ・テュイル・ア・ルー

街角の陶器屋で、
フランス民芸旅行へ出かけよう!

店に気軽に並べてある陶器は、陶芸美術関連の美術館などに保存されている職人作家のものもいくつか。職人が絶えて、もう作られなくなってしまったものもある。すべてが使う道具として生み出された手作りの一点もので、先代と現オーナーが、地方の職人のもとへ足を運んで、作家に会って選んだものばかり。地方の陶器は合わせる料理や目的がしっかりとしているものが多いけれど、プロヴァンスの魚用の長皿に前菜を盛り合わせたり、サヴォワのスプーン立てには木ベラを立てたりと、実際に使ううちに自分の暮らしになじむのもいい。

ギッシリと民芸品が並ぶ様子はまるで出番を待つ舞台役者のよう。

Où trouver?

map J-⑭
35, rue Daubenton
75005
☎01・47・07・28・90
Ⓜ CENSIER DAUBENTON
営 13時〜18時（月） 10時30分〜18時（火〜土）
休 日、祭
カード：Ⓜ、Ⓥ
www.latuilealoup.com

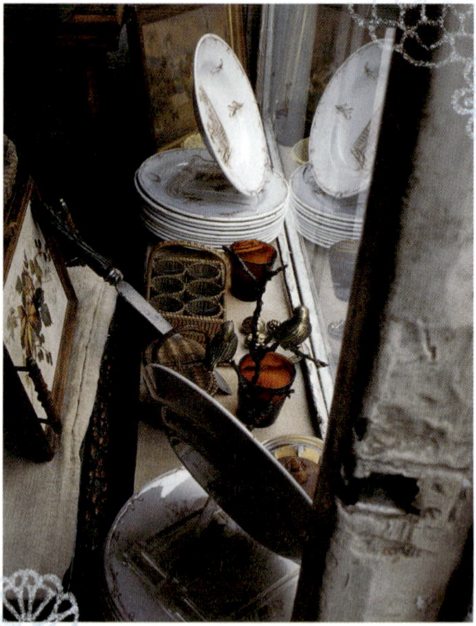

chapitre 3

**くるくる散策が楽しい、
蚤の市とアンティーク街へ。**

Allons aux Marchés!

雑貨巡りにははずせない
パリを代表する2つの蚤の市と、
注目のアンティーク街を
最新マップとともにナビゲート。

Clignancourt

パリを代表する蚤の市、クリニャンクールがいま熱い。

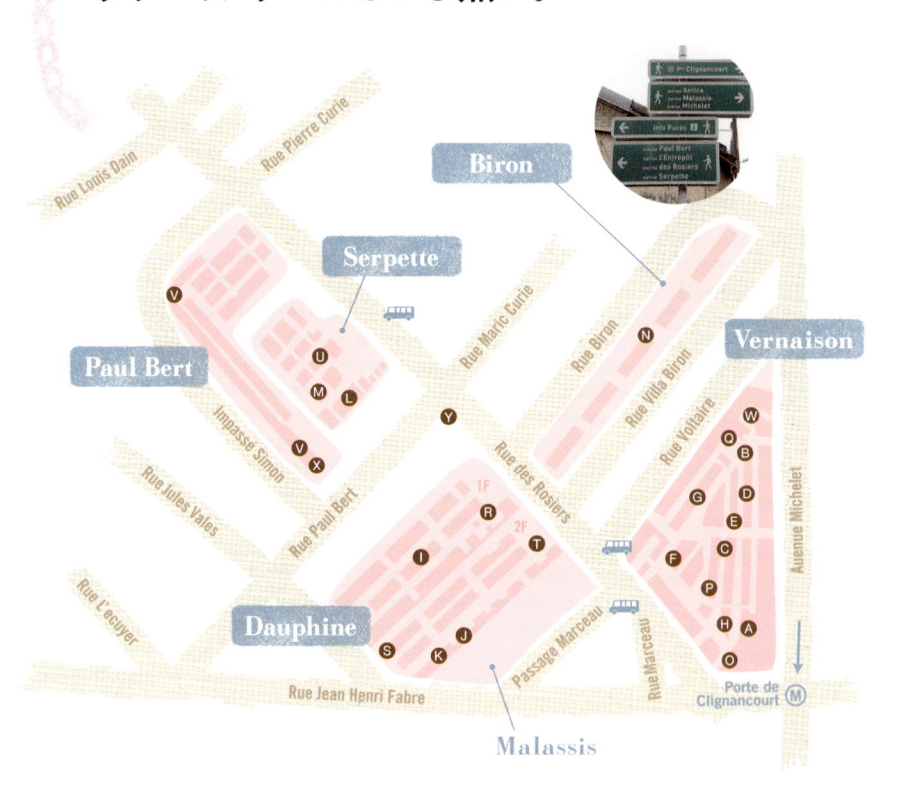

Biron
Serpette
Paul Bert
Vernaison
Dauphine
Malassis

Porte de Clignancourt

　アンティーク好きの間で、クリニャンクールの蚤の市がいま再び注目されている。パリの南にあるヴァンヴの蚤の市のほうが通向けと言われた時期もあったけど、最近は新しい店も増え、活気にあふれている。18世紀の骨董品から質が良く値段が手頃な雑貨まで幅広く揃い、ツーリストだけでなくバイヤーなどの目利きも戻ってきているという。誕生から約120年、いまも昔もパリの生活には欠かせない場所だ。

Vernaison ヴェルネゾン

Dauphine ドーフィン

Biron ビロン

Vernaison：1920年に初めての蚤の市として誕生。野外マルシェで、小道に店が並ぶ。
Dauphine：1991年にできた2階建ての建物。1階はモード小物、2階は古本メイン。
Biron：3番目に古いマルシェ。クリスタル、銀製品、高級家具などの店が軒を並べる。
Paul Bert：1950年代にいまの形となった、7つの小道からなる野外のマルシェ。
Serpette：1970年代初頭、自動車工場跡を屋根付きマルシェとして改装。家具中心。

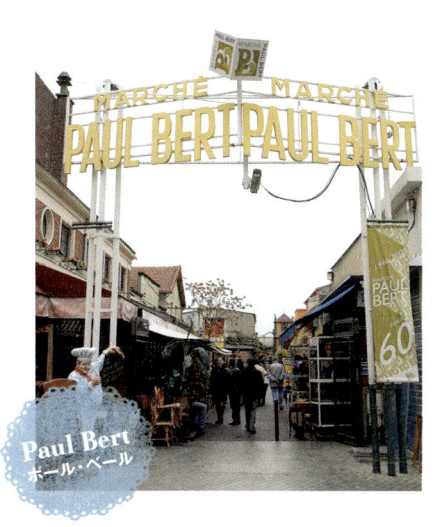

Paul Bert ポール・ベール

Serpette セルペット

chapitre 3・Allons aux Marchés! 067

週末の10時頃から賑わいを見せるクリニャンクール。土曜日の朝イチが狙い目。

蚤の市は、マルシェと呼ばれる17のエリアに分かれ、2000軒以上の店がひしめき合う。広大な敷地だから効率よく巡りたい。まず、ガラクタ的宝物に出合えるヴェルネゾンへ。続いてドーフィンでファッション小物をチェックし、ビロンで貴重な骨董品を探し出せたらラッキー！ セルペットでは老舗のカバン屋やレース店をのぞき、ポール・ベールでパリシックなインテリア雑貨をゲット。とここまで網羅すれば気づくはず、こんなにも時がたつのを忘れ宝探しに夢中になれる場所は世界中でここだけだってことに。

オーナーが店先でチェスをしたり、ランチを広げたりと、のんびり時間が流れるポール・ベール。

Où trouver?

Puces de Clignancourt クリニャンクールの蚤の市　map D-⑮

マルシェ・ヴェルネゾン入り口の住所：
99, rue des Rosiers 93400 Saint-Ouen
ⓂPORTE DE CLIGNANCOURT
※営業は土〜月が基本。
●パリの中心から地下鉄やタクシーで約20〜30分、メトロ4番線PORTE DE CLIGNANCOURTで下車し、徒歩3分で蚤の市の入り口、ロジエ通りに着く。ここから約500mの間にアンティーク村が密集している。1日かけてじっくり巡りたい。

chapitre 3・Allons aux Marchés!

Vernaison

最も古いマルシェは、骨董もジャンクも宝の山。

Boulevard des Ecritures
ブルヴール・デ・ゼクリチュール

文房具好きは必見！つい大人買いしちゃいそう。

「かわいいー！」と興奮すること間違いなしのパペトリー（文房具）専門店。色鉛筆セットや消しゴム、昔懐かしいパン屋の紙袋や香水のラベル、文房具メーカーの広告グッズなど、「それ何に使うの？」と突っ込まれそうだけど、ついついかわいくて買ってしまう、そんなアイテムがいっぱい。

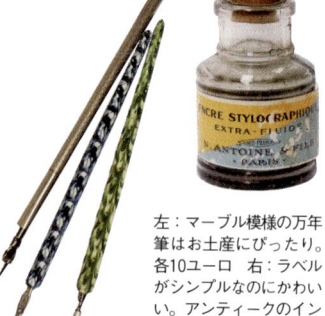

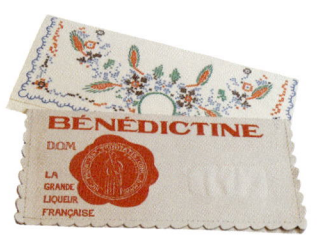

左：マーブル模様の万年筆はお土産にぴったり。各10ユーロ　右：ラベルがシンプルなのにかわいい。アンティークのインクボトル 8ユーロ

ペーパーの封筒は、レストランでナプキンを入れるためのものだったという。デザインがいま見ても新鮮。各5ユーロ

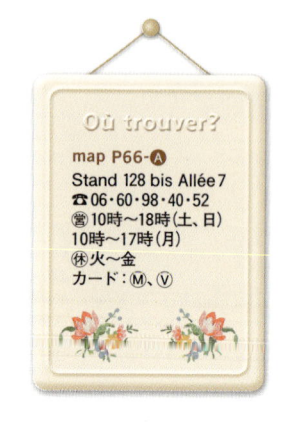

40年代にフランスの観光地で売られていた鉛筆など、レトロポップな文房具が揃う。

Où trouver?
map P66-Ⓐ
Stand 128 bis Allée 7
☎ 06・60・98・40・52
営 10時～18時（土、日）
　10時～17時（月）
休 火～金
カード：Ⓜ、Ⓥ

20年代～45年の紙袋はマルシェやパン屋で使われていたもの。

chapitre 3・Allons aux Marchés!　071

Vernaison

Paul Maurel
ポール・モレル

見ているだけで楽しい、リトグラフ専門店。

『ヴォーグ』誌が発売されるまでの1910年代、ファッション誌的出版物は、ガゼット・デュ・ボントンのみだったという。当時のモードの世界を紹介したその挿絵は現在コレクターアイテムになっている。そんなファッションのリトグラフのほか、シャガールやピカソ、広告のポスターが揃う店内はまるで美術館。

左：ナイトガウン姿の女性が描かれたガゼット・デュ・ボントンのイラスト60ユーロ　右：1949年のエールフランスのポスター。現在と違うロゴものは希少。350ユーロ

1900年～70年代までのアンティークポスター、広告のリトグラフが美しくディスプレイされている。ミュシャやサヴィニャックのリトグラフも人気アイテムだそう。

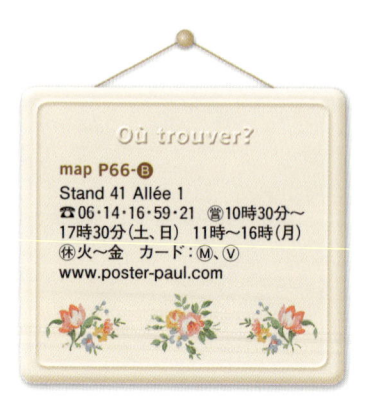

Où trouver?
map P66-Ⓑ
Stand 41 Allée 1
☎06・14・16・59・21　営10時30分～17時30分(土、日)　11時～16時(月)
休火～金　カード：Ⓜ、Ⓥ
www.poster-paul.com

Art Publicitaire
アール・ピュブリシテール

レアなブリキ缶が揃う、ニューショップ。

親子2代、3代と続く古い店が多いヴェルネゾンに、2008年にオープンした店。1870年頃にイギリスからフランスに伝わったとされるブリキ缶をコレクションしているオーナーだけあって、1900年頃のクッキーやショコラのブリキ缶が盛りだくさん。貴重なアイテムの宝庫で、一見の価値あり。

ブリキ缶のほかにもポスターや看板がディスプレイされ、色褪せた風合いが魅力的。

上：チョコレートが詰められていた宝箱風のブリキ缶。渋い色と精巧なプリントが素敵。15ユーロ　下：ロトのアールヌーボーの絵柄が描かれたブリキ缶は、ポストのようなフォルムが珍しい。180ユーロ

右上：1900年代頃のバスケット風のブリキ缶。カゴプリントの取っ手付き缶はレアもの。470ユーロ　下：ウィンドーを飾る1900年代のブリキグッズは、コピーグッズが出まわるほどの人気アイテム。

Où trouver?
map P66-C
Stand 105c Allée 6
☎ 06・88・84・23・92　営 9時30分～17時30分　休 火～金　カード不可

chapitre 3・Allons aux Marchés!　073

Vernaison

Pascal Eveno
パスカル・エヴノ

サヴィニャックも愛した雑貨店。

1950～60年代のフランスのポスター界の重鎮、サヴィニャック。そんな彼のデザインしたグッズやホウロウ、70年代のツィギーのマネキンといった、乙女心くすぐる雑貨がいっぱい。サヴィニャック自身もこの店がお気に入りで、ここの名刺は彼がデザインしたものだという。キャラクターグッズも幅広い品揃え。

自慢げにサヴィニャックの描いたイラストを掲げるオーナーのパスカルさん。向かいの店も彼が経営。

左：子どもが寝る前に見ていたという60年代の国民的TV番組、『Nicolas et Pimprenelle』の人形63ユーロ　右：50年代のペイネの人形はレアな帽子デザイナーのキャラクター。26ユーロ

上：ぎっしりと並ぶ雑貨のなかには、昔、エールフランス航空の機内で配られていたというミニミニバッグなどレアものも。下：80年代のル・クルーゼのノベルティ。ソルト&ペッパー120ユーロ

Où trouver?

map P66-D
Stand 149, 150 bis Allée7　☎06・80・02・50・49　営8時～18時(土)　9時～18時(日)　8時～17時(月)　休火～金　カード不可

Janine Giovannoni
ジャニンヌ・ジョヴァノーニ

穏やかに時を紡ぐ、優しいリネンショップ。

ヴェルネゾンの角に位置し、穏やかな光が降り注ぐ店がここ。1900年代のリネン全般を扱い、テーブルクロス、ハンカチ、手袋、ネグリジェなど刺繍の美しいアイテムが綺麗に並んでいる。この場所に店を構えて20年というオーナーの優しい人柄とリーズナブルな価格もうれしい。

左：ギャラリー・ラファイエットの袋が付いた1950年代のレースのグローブ20ユーロ
右：100年以上前のモノとは思えないほど状態も良い。1900年代頃のモノグラムとフラワー柄の刺繍入りクロス10ユーロ

ペイズリー柄の上品な店内には、30〜40年代のティークロスから洗礼式用のレース服まで並ぶ。小花柄のボックスもキュート。

上：店内はアンティーク店とは思えないほど綺麗。下：ティークロスは、淡いピンクと繊細なマーガレットの刺繍が女心をくすぐるデザイン。セットで45ユーロ

Où trouver?
map P66-Ⓔ
Stand141 Angle Allée 3, 7
☎01・40・12・39・13 ◷8時30分〜18時(土) 10時〜18時(日、月)
㊡火〜金　カード：Ⓜ、Ⓥ

chapitre 3・Allons aux Marchés!

Vernaison

Lili et Daniel
リリ・エ・ダニエル

カラフルなビーズに、女の子の夢が詰まってる。

ヴェルネゾンの入り口を入るとすぐにカラフルなビーズたちが出迎えてくれる。1963年にリリさんと亡き夫がオープンしたビーズやボタンを取り扱うパーツ屋だ。珍しい1900年代頃の吹きガラスのビーズからキュートなリボン型ブローチまで、その種類の多さは驚き。小さいモノなのでお土産にもぴったり。

左：真鍮のパーツはブローチや、チェーンにつけてブレスレットに。こんな遊び心あるデザインも。ピストル2ユーロ 右：細かな模様に感心してしまう。パンジー2.50ユーロ 下：笑った顔が抱きしめたくなるかわいさ。ネコ2.50ユーロ

キャンディのようなビーズは、紙コップ1杯で16ユーロ。

上：店内には、ビーズのほかリボンや石など、アクセサリーを作るパーツが揃う。下：70年代まであったブランド、トゥジュールフィデルのブローチ。クレストと猫の絶妙ミックス。15ユーロ

Où trouver?
map P66-F
Stand 6 Allée1
☎ 01・40・12・01・24
営 10時〜18時(土、日)
10時〜16時(月)
休 火〜金　カード不可
www.lilietdaniel.com

Florence Nugue
フロランス・ヌーグ

フランスの田舎の家にお邪魔したよう。

「ここは私のセカンドハウス」。15年以上前からクリニャンクールに店を構えるオーナーのフロランスさんが言うとおり、中2階のあるお店は、まるでフランスの田舎の家に迷い込んだ気分になる。店内に2階がある店は珍しく、1920年代の木馬や動物モチーフの雑貨、カゴなどがセンス良く並んでいる。

1920年代以降のレースや雑貨がロマンティックに飾られて。

左：まるで絵本の世界が現実になったようなロマンティックな店内。右：子どもがキノコ狩りをするときに使ったというカゴ。想像するとほのぼの。68ユーロ

左：1920年代の回転させて遊ぶおもちゃ、クレッセル120ユーロ 右：テリアが本をしっかりホールド。1930年代のブックススタンド140ユーロ

Où trouver?
map P66-**G**
Stand 29 Allée 1　☎06・03・49・65・46
営9時～14時(金)　10時～18時(土)
10時～18時30分(日)　10時～17時(月)
休火～木　カード：Ⓜ・Ⓥ

chapitre 3・Allons aux Marchés!　077

Francine
Dantelles

フランシーヌ・ダンテル

布やレースの美しさに、
デザイナーも通う店。

店内に入ると、たくさんのレースや古い布地に圧倒される。19世紀後半から20世紀の布地やレース、エレガントなジュエリーが所狭しと並べられ、某有名デザイナーもアイデアを探しにたびたび訪れるという。リネンやレースの状態も良く、ブローチなど、いまのコーディネートにプラスしたいアイテムが豊富。

1920年代のファンタジージュエリーは紋章風のバックル。30ユーロ

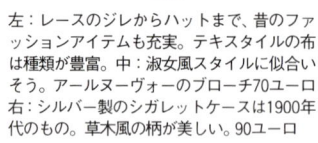

左：レースのジレからハットまで、昔のファッションアイテムも充実。テキスタイルの布は種類が豊富。中：淑女風スタイルに似合いそう。アールヌーヴォーのブローチ70ユーロ 右：シルバー製のシガレットケースは1900年代のもの。草木風の柄が美しい。90ユーロ

Où trouver?
map P66-H
Stand 121-123 Allée 7
☎01・40・12・05・58
営10時〜18時(土, 日)
10時〜17時(月)
休火〜金　カード不可

Dauphine

回廊を巡って、自分らしいアンティーク探し。

Jacqueline Sainsère
ジャクリーヌ・センセール

女らしさいっぱいのレースの館へようこそ。

まさにレースの館。18〜19世紀のレースやリネンがまるで中世の衣裳部屋のように飾られていて、一気にタイムスリップした気分に。洗礼式のための子ども用ドレスやリネンなど、とにかく大量の品揃えだから、親切なオーナーマダムに頼んで順番に奥から出してもらおう。

左：クロスステッチのバラが美しい。20年代のレースのハンカチ35ユーロ　右：繊細なレース編みにうっとり。4〜5歳用の帽子は、20〜30年代の品。85ユーロ

上：20年代の陶器の人形はスカート部分にレースや布を縫い付け、ボトル飾りとして利用。45ユーロ　下：子ども用ながら丁寧なレース編み。

大量のレースのなかには、1900年頃のゲランの香水箱や20年代の陶器、ホウロウグッズなども潜んでいるから、じっくり店内を歩きたい。

Où trouver?
map P66-❶
stand 203-204 2F
Allée Cézanne
☎ 01・40・12・42・36
営 10時〜18時
休 火〜金　カード：Ⓜ、Ⓥ

chapitre 3・Allons aux Marchés!　079

Dauphine

Daniel et Lili
ダニエル・エ・リリ

隅々まで探しに探して、
自分だけのパリ土産を。

ヴェルネゾンのリリ・エ・ダニエルの姉妹店。アクセサリーパーツだけでなく、1860～1980年代のファッション小物やデッドストックもびっしり並ぶ。欧州最大のデッドストック商がオーナーで、バイヤーやデザイナーなども買いつけに来るという。パリ土産になるようなプチプリの指輪やブローチが狙い目。

上：ガラスにエッフェル塔が飾られたリングは、チェコで生産されたフランスデザインの逸品。46ユーロ　下：パリの名所が描かれたレトロなお土産品やデッドストックのチャームが並ぶ。

上：日傘にエッフェル塔がドッキング。そのエスプリに拍手。70年代のブローチ23ユーロ　下：ガラリットと呼ばれるプラスチックの一種でできたバックル。鳥と花が愛らしい。53ユーロ

ドーフィンの顔的スタンド。外にはボタンやパーツが並び、店内には比較的高価なデッドストックコーナーがある。

Où trouver?
map P66-J
stand 128
☎ 01・40・10・83・46
営 9時30分～18時（土、日）10時～18時（月）
休 火～金　カード不可

Objets en Transit

オブジェ・アン・トランジット

シンプルモダンな工業デザイン家具。

昔の郵便局で使われていたシンプルな棚やアイアン製のインダストリアル家具を多く取り扱うショップ。インテリアコーディネーターとしても活躍するオーナーは工業家具をいち早くモダンなインテリアとして取り入れた2人組。看板やカップは、シンプルながら味のあるものばかり。

一見メンズライクな家具が多いが、昔ながらの風合いが温もりいっぱい。

左：5センチ大のアルファベットは自分好みにディスプレイして。各5ユーロ　右：1900〜20年代、ショコラが高級品だった時代の味見用デミタスカップ。フォルムがモダン。35ユーロ

アンティークガラスのクロシェは、チーズなどの保存に便利。60ユーロ

錆などを取り除き、日常生活に馴染むようにリメイクされた家具が並ぶ。

Où trouver?
map P66-K
stand122
☎06・82・66・05・34
営10時〜18時(土)
10時30分〜18時30分
(日)　休月〜金
カード：M、V

chapitre 3・Allons aux Marchés!　081

Serpette

ブランド品が充実のアンティーク村。

Artémise & Cunégonde

アルテミーズ＆クネゴンドゥ

ブランドものを狙うなら、親子3代続く老舗店へ

クリニャンクールに来たら、ヴィンテージのブランド品も見逃せない。親子3代続くこの店は、シャネル、ディオール、イヴ・サンローランの1870～1970年代のヴィンテージが勢揃い。コートからファーグッズ、ジュエリーまで、いままさに欲しいグッズがひしめく。レースも豊富。

右：ベークライトに花柄がペイントされたフリンジ付きの手提げバッグは、1925年頃のもの。680ユーロ　下：YSLのハート柄のアンティークネックレスなどが並ぶ。

イヴ・サンローラン亡きいま、彼がデザインした洋服はレアアイテムに。掘り出し物を見つけて。

30年代のメタルビーズ刺繍が美しい。ミラー付きのクラッチバッグ 180ユーロ

Où trouver?
map P66-L
Stand 28 Allée 1, 110,
rue des Rosiers 93499
Saint-Ouen
☎ 01・40・10・02・21
営 8時～12時30分(金)
10時～18時(土～月)
休 火～木　カード：Ⓜ・Ⓥ

Le Monde du Voyage

ル・モンド・デュ・ヴォヤージュ

トランクだけじゃない！
奥にはアクセも潜んでる。

30年ほど前にセルペットができた時からある老舗のバゲージ屋。類似店も多いがここが本家で、カトリーヌ・ドヌーヴから村上隆まで著名人のファンも多い。トランクがメインだが、シャネルやエルメスのアクセサリーが奥にしまってあるから店主に頼んで見せてもらって。

エルメスのキャレは1937年の最初のモデルから70周年記念まで約200種も。

上：1900年頃に、顧客用のプレゼントとして配られたルイ・ヴィトンの約30cmのミニコフレ。花やお菓子が詰められていたそう。5,000ユーロ～
下：シャネルのファンタジービジューシリーズのブローチ。ブルーの色に吸い込まれそう。550ユーロ

ルイ・ヴィトンの大きなヴィンテージトランクが目印。エルメスのバーキンも。

Où trouver?

map P66-Ⓜ
Stand15 Allée 3, 110, rue des Rosiers 93400 Saint-Ouen
☎ 01・40・12・64・03
営 9時～12時（金） 10時～17時（土、日） 11時～17時（月）
休 火～木 カード：Ⓐ、Ⓜ、Ⓥ
www.lemondeduvoyage.com

chapitre 3・Allons aux Marchés! 083

Biron

高級マルシェに、キュートな雑貨屋が潜む。

May
メー

昔ながらの道具に、
時間もゆっくり流れて。

まさにブロカントの宝箱的ショップ。両親がマルシェ・ビロンに店を構え、幼い時から古道具に親しんでいたというオーナーがアンティークのポットやホウロウ雑貨、クロスなどいまの気分にぴったりの小物をセレクトしている。1920〜60年代のものが多く、ほんわかした品揃え。

ブリキの鍋やホウロウのポットなど、即買いしたいキッチン雑貨がかわいくディスプレイ。

左：ポップだけど素朴な店内は、どこかゆったりとした時間が流れる。中：取っ手が内側に付いている珍しいデザインの猫足付き水切り鍋。1940〜50年代に作られたものだそう。65ユーロ　右：1920〜30年代の香水瓶。蛇口がふたつ付いた、なんともファニーなデザイン。110ユーロ

Où trouver?
map P66-Ⓝ
Stand 171 85, rue des Rosiers 93400 Saint-Ouen
☎ 06・61・72・75・67
🕘 9時30分〜18時
🚫 火〜金　カード不可

取材店以外のおすすめショップと
レストラン&カフェ

Magasin ショップ

Délphine
デルフィーヌ　map P66-◎

137, rue des Rosiers　☎01・49・48・03・29
18世紀のアンティークの布やレースが充実。ディオールなどのヴィンテージの洋服も揃う。

Les Portes Clés
レ・ポルト・クレ　map P66-◉

Stand 88 Allée 5　☎01・40・10・91・10
1960年代のキーホルダー専門店。1ユーロほどのプチプリからブルボン社製の貴重品まで。

M.d'Autreppe
マリア・ドートレップ　map P66-◉

Stand 234 Allée 9　☎01・40・11・70・92
アンティークのポストカード専門店。すっきりとした店内に昔のカードが並ぶ。

Falbalas
ファルバラ　map P66-◉

Stand 254-256　☎06・89・15・83・82
18世紀〜1970年代までの洋服、靴、帽子など、ヴィンテージファッションがメイン。

William Oury
ウィリアム・ウーリー　map P66-◉

Stand 17　☎06・09・87・14・25
ファーのコート、帽子、レザーグッズが充実。ヴィンテージの状態も良い。

Danielle Fischer
ダニエル・フィシェー　map P66-◉

Stand 109 Allée Dauphine　☎06・15・51・21・47
金の小物入れ、ナポレオン3世時代の陶器といった上品なアイテムを探すなら。

Voyages
ヴォヤージュ　map P66-◉

Stand 10 Allée 3　☎01・49・45・09・56
旅行用の大きなトランクを扱う。エルメスやルイ・ヴィトンのヴィンテージバッグが充実。

Les Merveilles de Babellou
レ・メルヴェイユ・ドゥ・バベロウ　map P66-◉

Stand 13 Allée 1, Stand 77 Allée 6　☎06・80・63・26・89
19世紀末から1970年までのヴィンテージジュエリー、靴、バッグ、ドレスなど。

Café カフェ
Restaurant レストラン

Chez Louisette
シェ・ルイゼット　map P66-◉

130, Avenue Michelet　☎01・40・12・10・14
ヴェルネゾンの奥、賑やかな大衆食堂といえばここ。生演奏とともにみんなでワイワイ楽しめる。

Le Paul Bert
ル・ポール・ベール　map P66-◉

20, rue Paul Bert 93400 Saint-Ouen
☎01・40・11・90・28
アンティーク商がランチに集まるブラッスリー。キノコのオムレツやポトフなどの季節メニューもあり。

Le Petit Navire
ル・プティ・ナヴィル　map P66-◉

116, rue des Rosiers　☎01・40・11・31・71
庶民派レストランカフェ。ムール貝とフレンチフライは絶品。デザートはクレームブリュレがおすすめ。

上：シェ・ルイゼットは、ガンゲッタと呼ばれる昔ながらの大衆食堂。下左：テラス席もあり、朝から晩まで食事ができるのがうれしいル・ポール・ベール・カフェ。下右：クリニャンクールの真ん中に位置するル・プティ・ナヴィル。名物はムール・フリット。

chapitre 3・Allons aux Marchés!　085

Vanves

アナログなキッチン雑貨が並ぶ
ヴァンヴはまるで見本市。

　パリの南のはずれ、大きな木が露天を見守る市はゆっくり見てまわっても1時間ほど。すぐにでもキッチンで役に立ちそうな実用アンティークが多いのがヴァンヴの魅力だ。カフェオレボウルはもちろん、ホウロウのポット、鍋敷き、ガレットやテリーヌの型に銀のカトラリー。時間をたっぷりと吸収した眠たげなアナログアイテムの、ここはまるで見本市。良心的な価格で地元の人にも大人気。昼過ぎには店仕舞いしてしまうところもあるから、早起きして出かけて。

左：このままキッチンに飾りたいホウロウグッズ。
右：カフェオレボウルは10ユーロ前後。

chapitre 3・Allons aux Marchés!　　087

上左:赤のチェック地に昔の道具が。パニエは10ユーロ 上右:手描きのホウロウポットは20年代のもの。各90ユーロ 中左:ユーモラスな魚は50年代のチョコレートの型。8ユーロ 中右:昔の調理器具が豊富。下:下の方にあるグリーン、黄、オレンジのカップ&ソーサーはデュラレックス製。

Où trouver?

Puces de Porte de Vanves

ヴァンヴの蚤の市
map K-⑯

avenue Marc Sangnier & avenue Georges Lafene stre 92170 Vanves
☎なし
ⓂPORTE DE VANVES
㊥7時〜19時30分
(土、日のみ開催)
カード不可

キュートな日用品はスーパーもチェック。

Monoprix
モノプリ

人気ナンバーワン！のおしゃれスーパー。

食料品はもちろんのこと、生活雑貨にも力を入れていて、最近はオリジナル商品が大人気。シンプルな形にカラフルな色、機能派ながらプライスはチープ。季節ごとのイベントコーナーも加わって、お土産探しにはもってこい！

1.シンプルなデザインのアルミホイル1.84ユーロ　2.フリルがかわいい、厚手のテーブルリネン5ユーロ　3.真っ赤なミルクパン20ユーロ　4.瞳パッチリ、ミツバチのリリアン3ユーロ　5.削り器のついたピンクの塩9.29ユーロ　6.フランスならでは、カキの殻オープナー5.50ユーロ　7.モノプリオリジナル。ロゴも凍る冷凍保存バッグ4ユーロ　8.鉢からカイワレが育つ！5ユーロ

Où trouver?
map A-⓱
21, avenue de l'Opéra 75001
☎ 01・42・61・78・08
営 9時〜22時(月〜金)
9時〜21時(土)　休 日、祭
カード：Ⓐ、Ⓙ、Ⓜ、Ⓥ
www.monoprix.fr

chapitre 3・Allons aux Marchés!　089

お散歩気分で出かけたい、注目のアンティーク街 ①

Village St-Paul

昔ながらのパリシックが息づく、上品なアンティーク村。

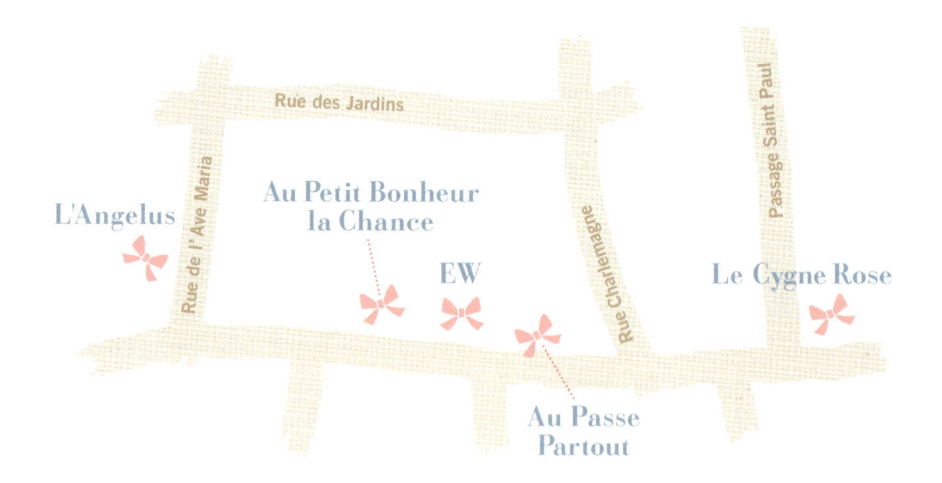

Rue des Jardins
Rue de l' Ave Maria
Passage Saint Paul
Rue Charlemagne

L'Angelus
Au Petit Bonheur la Chance
EW
Le Cygne Rose
Au Passe Partout

　バスティーユ広場から西に向かう途中、セーヌ川とリボリ通りの間に小さなアンティークショップが集まるエリアがある。約30年間愛され続けるヴィラージュ・サンポールだ。数年前より若いアーティストによるアトリエも増え、昔ながらの店とコンテンポラリーなギャラリーがうまくミックスされ、より活気づいている。中庭を取り囲むようにカフェやレストラン、アンティーク店がひしめき、まるでひとつの村のよう。賑わいの増す週末、お散歩気分で雑貨探しに出かけてみては？

Le Cygne Rose

ル・シーニュ・ローズ

ピンクの扉を開ければ、
カトラリーが待っている。

フランス人と結婚したイギリス人オーナーが30年前にオープンした、ヴィラージュ・サンポールの老舗的な店。銀製品と食器、陶器のティーセットなどが充実している。ヴィクトリアン調の上品なカトラリーやデザート用のフォークとナイフなど、普段使いしやすいものがおすすめ。ネコのオブジェも人気だ。

左：1900年代頃の生牡蠣用フォーク。10本セットで100ユーロ　右：1940年代のベークライト×ステンレスのデザートフォーク&ナイフ。6組セットで125ユーロ　下：1900年代の象牙とシルバーのヴィクトリアン調ケーキサーバー120ユーロ

上：アンティークショップのドールハウス245ユーロ　下：ウィンドーにも、ピレネー山脈の麓の町ルルドからきたジュエリーボックスなど珍しい雑貨が並ぶ。

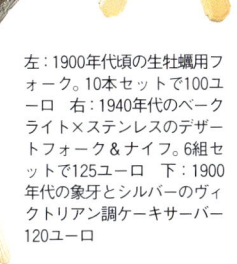

間接照明が美しい店内には宮殿に似合いそうな銀製品が勢揃い。

Où trouver?

map B-18
47, rue Saint Paul 75004
☎01・42・74・57・13　Ⓜ️ST PAUL
営12時〜19時　休火、木
カード：Ⓐ, Ⓓ, Ⓙ, Ⓜ, Ⓥ
www.cygnerose.fr

chapitre 3・Allons aux Marchés!　091

EW
ウードゥブルヴェ

フランスの田舎風、ロマンティックな店内に夢中。

ブリキ缶、ホウロウ雑貨、ステンシル柄の食器、お人形など、素朴でロマンティックなグッズが豊富。昔、フランスの小学校で使われていたクロスステッチの見本やレースが飾られ、部屋のインテリアとして真似したいかわいいディスプレイにも注目。ミシンや布箱など、小物の状態が良いのもうれしい。

上：50年代頃の木製ボードには、ペイネの実写版がプリントされて。各25ユーロ
下：40年代頃のおもちゃのミシンは、しっかりと縫える本格派。160ユーロ

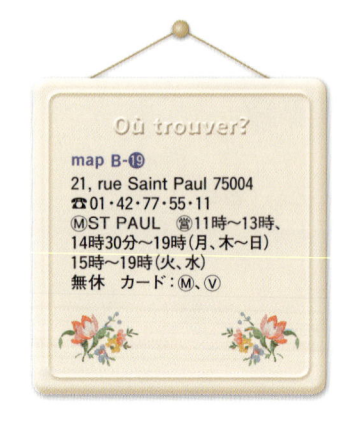

ウィンドーのレースに刺繍されたカップルが、ロマンティックな田舎風ショップへと迎え入れてくれる。

Où trouver?
map B-⑲
21, rue Saint Paul 75004
☎01・42・77・55・11
ⓂST PAUL 営11時〜13時、14時30分〜19時(月、木〜日)
15時〜19時(火、水)
無休　カード：Ⓜ、Ⓥ

Au Petit Bonheur la Chance

オ・プティ・ボヌール・ラ・シャンス

プチプリからコレクタブルまで勢揃い。

キッチュでポップな雑貨が好きなら、絶対ここ！ リネンやホウロウなどのキッチングッズ、文房具からおもちゃまで、カラフルな古道具が並ぶ。昔懐かしいミルクを運ぶためのアルミ製ポットや、学校で良い成績を取るともらえたというイラスト紙のボンポワンなど、かわいいアイテムを求めて遠くからコレクターがやってくるというのも納得。

30〜50年代のプリントもののリネンも狙い目。18ユーロ／m〜

左：カフェオレボウルは、優しい花柄からポップなステンシルまで種類も豊富。FB社製28ユーロ　右：50年代のキノコのキャニスターは入荷すると即完売するほど人気。6つセットで280ユーロ

カフェオレボウルはステンシル模様や動物柄がおすすめだそう。各20ユーロ〜

Où trouver?

map B-20
13, rue Saint Paul 75004
☎01・42・74・36・38
Ⓜ ST PAUL
営 11時〜13時、14時30分〜19時
休 火、水　カード：Ⓜ、Ⓥ

chapitre 3・Allons aux Marchés!　093

Au Passe Partout
オ・パス・パルトゥ

お土産にミニサイズの鍵はいかが？

鍵、錠前、ワインオープナーなど古いアイアン製小物のミュージアムのようなショップ。この道30年のコレクター＆エキスパートのオーナーは、本も出版しており、鉄の状態と模様によって年代が判別できるという目の持ち主だ。19世紀のモノが中心だが、それ以前の鍵などもあり、遠い昔の情景が鍵を通して浮かんできそう。

18世紀のフランス製家具の鍵から独特な装飾が施されたヴェネツィアの鍵まで。

19世紀のライオンモチーフの錠前。どっしりと重い。190ユーロ

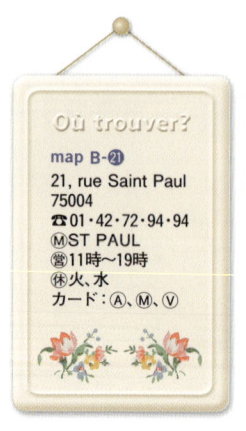

上：小さなショップはまるで博物館。オープナーや鍵以外にも、ナイフや壁飾りもある。下：ブロンズの彫刻が施された19世紀後半のワインオープナー。240ユーロ

Où trouver?
map B-21
21, rue Saint Paul
75004
☎ 01・42・72・94・94
Ⓜ ST PAUL
営 11時〜19時
休 火、水
カード：Ⓐ、Ⓜ、Ⓥ

L'Angelus

ランジェリュス

アントワネットも愛した、気品ある雑貨に出合える。

セーヴルをはじめ、18世紀から19世紀までのポルスレーヌと、その時代のクリスタルやガラスの器が豊富。マリー・アントワネットのために作っていた窯元の食器もある。元法律家というオーナーは、趣味と実益をかねてこのショップをオープン。長年歴史を勉強しながら収集してきたというコレクションは、目を見張る本物ばかり。

マリー・アントワネットが愛したルイ16世様式などのロマンティックな小物が見つかる。

19世紀後半、マリー・アントワネットの時代からあるアトリエで作られた、ルイ16世とアントワネットのペアプレート。セーヴルブルーが上品。セットで290ユーロ

リモージュの1800年代後半から1930年代までのピルケース。45ユーロ〜

Où trouver?
map B-㉒
3, rue de l'Ave Maria
75004
☎01・42・74・10・43
ⓂST PAUL
営12時〜19時30分 休水
カード：Ⓐ、Ⓜ、Ⓥ

chapitre 3・Allons aux Marchés!　095

お散歩気分で出かけたい、注目のアンティーク街 ②

Popincourt

若手オーナーの古道具屋が集まる、明るい雰囲気のプチ蚤の市。

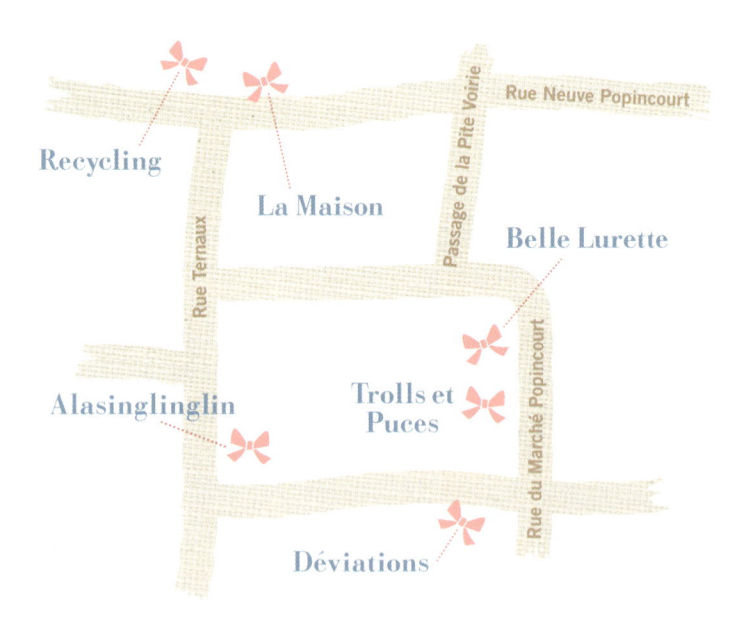

- Recycling
- La Maison
- Belle Lurette
- Alasinglinglin
- Trolls et Puces
- Déviations

Rue Neuve Popincourt
Passage de la Pite Voirie
Rue Ternaux
Rue du Marché Popincourt

　10年ほど前からブロカント屋が並び始めたポパンクール。オベルカンフ通りから入った2、3本の小道にはここ数年、ブロカント屋が密集しはじめ、いまではプチ・サントゥーアン（小さなクリニャンクールの蚤の市）の異名を持つまでになった。このエリアは、家賃や商品の仕入れをブロカンター（ブロカント商人）が交替で受け持ち、共同経営をしている店が多く、若手の和気あいあいとした楽しい雰囲気に満ちている。今後ますますショップが増える気配でまだまだ見逃せない。

Belle Lurette
ベル・リュレット

ポパンクール村の火付け役。

ポパンクール一帯のパイオニアとしていち早くオープン。家具のアトリエだった場所を改装し、現在は3人のオーナーがシェアするブロカント屋。店内はお隣の仲良しショップ、トロール・エ・ピュス(P98)と行き来できる通路があり、まるで古いお屋敷に迷い込んだよう。広い空間で、宝探しを楽しんで。

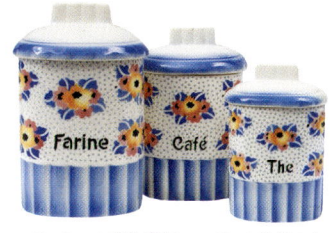

ステンシルの模様が美しい、30〜40年代のキャニスター。3つセットで40ユーロ

キッチン雑貨やランプ、家具がいっぱい。

上：隣の店、トロール・エ・ピュスのジョエルさん(左)とソフィさん(右)、ベル・リュレットのイラナさん(中央)。
下：しっかり首輪をしたプードルは、1950年代のプラスチック製。素朴な風合いがかわいい。5ユーロ

Où trouver?
map F-23
5, rue du Marché Popincourt
75011 ☎01・43・38・67・39
Ⓜ PARMENTIER
営12時〜19時(火〜金)　14時〜19時(土、日)　休月　カード不可

chapitre 3・Allons aux Marchés!　097

Trolls et Puces
トロール・エ・ピュス

ホウロウグッズやリネン、欲しい！が必ず見つかる。

5人のオーナーが共同経営するお店。家具が中心だが、行儀よく並ぶ小物のセンスも抜群。リネンも豊富で、特に30年代のプリント生地は人気。最近めっきり買いつけが難しくなってきたというホウロウグッズも必ず見つかるショップだ。ソファやショーケースなど、お値打ち価格もうれしい。日本への郵送も可能だ。

1900年頃のカッティングクリスタルのキャンディポット120ユーロ

1930年代の古布の端切れはプリントがかわいい（30ユーロ〜）。ピエロの人形10ユーロ

間接照明があたたかいお宅に招かれたような錯覚に。ミニソファや棚などすべて購入可能。

40年代以前に作られたホウロウ
のコーヒーポット。注ぎ口のフォ
ルムが象の鼻みたい。35ユーロ

Où trouver?

map F-24
1, rue du Marché Popincourt 75011
☎01・43・14・60・00 ⓂPARMENTIER 営12時〜19時
(火〜金) 14時〜19時(土、日) 休月 カード不可

chapitre 3・Allons aux Marchés!　099

Déviations
デヴィアシオン

ほかでは出合えない！
珍しいものが発見できる店。

2008年8月にオープンした、この界隈では比較的新しいお店。アラサングラングラン（P103）のオーナーのひとりが始めた。入り口脇のバスケットには、使い込まれて味のある、かわいいリネンがどっさり。バーゲン品のカゴも見逃さないで。ヴィシーやルルドなど温泉地で売られていたという、ミニバスケット付きグラスなど、珍しいものも揃う。

上：男の子や動物柄の刺繍が施されたハンドメイドの麻のワイドリボン。ディスプレイや敷物として使ってもキュート。12ユーロ　下：アンティークの看板やランプが豊富。珍しいタイポグラフィのデザインも。

上：片手持ちのデザインは珍しい。水切り鍋10ユーロ　下：50年代のモンマルトルの麓が描かれたタピスリーが店内を華やかに飾って。

Où trouver?
map F-25
6, rue du Marché Popincourt
75001　☎06・73・60・89・53
Ⓜ PARMENTIER
営 14時〜19時
休 月〜水　カード不可

La Maison
ラ・メゾン

ポップな色に胸躍る、ミッドセンチュリーの宝庫。

1950〜70年代の雑貨を集めたショップ。ランプや看板、ノベルティグッズが多く扱われ、どれもキュート＆カラフル。アイアン製のジュースプレッサーやグラスなど、どこか懐かしく、普段の生活で活躍するものがいっぱい。この時代のタイポグラフィのデザインや色使いが、新鮮に感じられる。

看板犬、ビルボワルも店内で迎えてくれる。

左：バスク地方のプレート、タパス用に便利な小皿セット、ランプなど、レトロポップなものが賑やかに並ぶ。右：オレンジの炭酸ジュース、オランジーナのグラス。5個セットで20ユーロ

サイコロピックセット15ユーロ

Où trouver?
map F-26
3, rue Neuve Popincourt 75011 ☎01・48・06・59・47
ⓂPARMENTIER 営12時〜19時(火〜金)14時〜19時(土、日)
㈹月　カード不可

chapitre 3・Allons aux Marchés!　101

Recycling
リサイクリング

リサイクル×シンプル、
いまっぽいセレクトが人気。

2007年にオープンした、アトリエ兼ショップ。アトリエでは、古ぼけて捨てられそうな家具をリサイクル目的で使えるようにリクリエイトしているという。カフェオレボウルやガラスのポットなども豊富に揃うが、ベークライトの蓋の渋いポットなど、ユニセックスな雰囲気の甘過ぎないアイテムが人気だ。

アトリエ風のアイアンの窓枠が目印。

左：フレームや暖炉の装飾のレリーフ、普段使いしたいガラスのポットやカップなどが並ぶ。右：男の子がドライフルーツ用と書かれた看板を持って。ショコラのブリキ缶30ユーロ

お土産屋さんにありそうなエッフェル塔のガラス瓶。一輪挿しとしても使える。35ユーロ

Où trouver?

map F-㉗
3, rue Neuve Popincourt 75011 ☎01・43・57・48・40 ⓂPARMENTIER
営12時～19時(火～金) 14時～19時(土、日) 休月 カード不可

Alasinglinglin
アラサングラングラン

水色の外観が目印の
ポパンクールの玄関口。

オベルカンフ通りからマルシェポパンクール通りへの入り口に位置するブロカント屋。3人のオーナーが経営する店内には、1960年代までの子ども服のデッドストックやオモチャ、キッチン雑貨、昔の小学校の教材が並ぶ。ゼブンティーズのテキスタイルも豊富に扱い、壁紙やクッションとしてリメイクしたい。

30〜50年代に作られた木製の馬車のオモチャ。馬を動かすと鈴が鳴る。45ユーロ

サドルが木製の三輪車など、木の温もりを感じるプロダクトが多い。

Où trouver?

map F-㉘
1, rue du Marché Popincourt
75011 ☎01・43・38・45・54
Ⓜ PARMENTIER 営12時〜19時(火〜金) 14時〜19時(土、日)
休月 カード不可

上：陶器メーカーのジアン社がジタン用に作ったノベルティの灰皿。40ユーロ　下：オモチャのピアノなど60年代の雑貨が並ぶ。

chapitre 3・Allons aux Marchés!

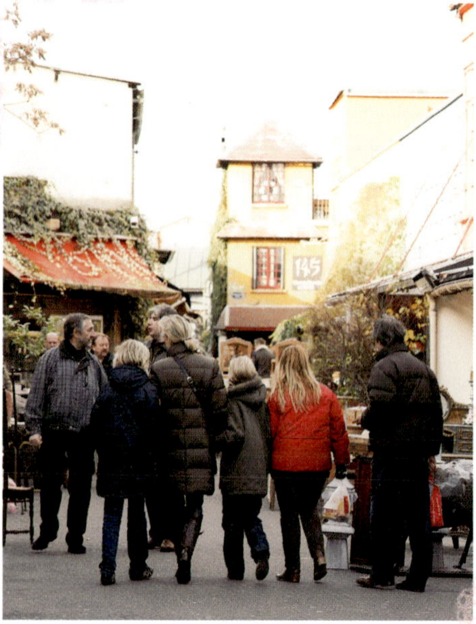
145

chapitre 4

**宝もの拝見!
クリエイターのキッチン&バス雑貨。**

Les Créateurs Aiment Bien...

パリで人気のクリエイターは
どんな生活道具を使っているの?
キッチンとバスルームをのぞいてみたら
そこは自慢の雑貨の宝庫でした。

昔ながらのポットやお鍋に
カスタマイズのセンスが同居、
モダンガールの雑貨ライフ。

アンヌ・ユベール
ホームアクセサリ クリエイター

ブランド「ラ・スリーズ・シュール・ル・ガトー」を手がけるアンヌ。リネンのカスタム本も出版している。
www.lacerisesurlegateau.fr

　約10年前に購入した自慢のアパルトマンは、自然光が燦々と降り注ぐ、バルコニー付きのメゾネット。インテリアスタイリストから転向し、いまはこの自宅兼アトリエで制作活動をしている。ヴィヴィッドカラーのプリントを施してモダンに仕上げたキッチン用クロスやナプキン、シルバーを半分かけたクラシカルな白いプレートなど、昔ながらのアイテムをコンテンポラリーに仕上げる作風が、インテリアや雑貨選びにも大きく影響している。キッチンは落ち着いたトーンの中に、シルバーや銅の道具を配してキラリと光るアクセサリー感覚を楽しんで。イエローやピンクのフラッシュなカラーをアクセントに使っているのも新鮮だ。

Cuisine

トーンを揃えた雑貨たち。

クロームカラーの電化製品と、ウッディなキッチン台。
白いキャニスターに道具をまとめれば、見た目もよく
使い勝手バツグン。蚤の市で買ったアンティークのパ
レットは、飾りとして活用。

Petit Déjeuner
朝食の顔は小鳥のティーポット。
ブルゴーニュの窯元で買ったポットは朝の気分にぴったり。セントゥギャラリーの小皿にジャムを取り分けて。

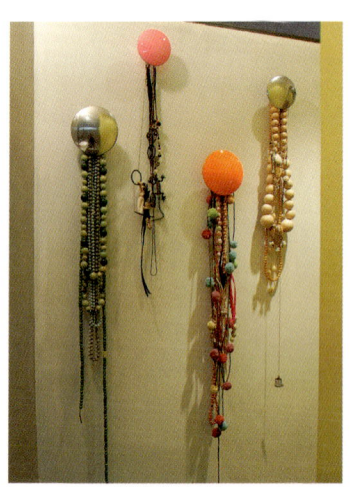

Salle de Bain
フラッシュピンクの小物たち。
白とグレートーンでまとめたゼンスタイルに、アビタで買ったキャニスターや大きなアンティークのフックを飾る。キャニスターには、コットンを収納。壁のネックレスは普段のおしゃれにも大活躍。

Ses Objets pour Toujours

1. 観光地に売っているその土地のロゴが入ったティースプーン。おばあちゃんが集めていたのを引き継いで、アンヌも旅先で探している。2. おばあちゃんからもらったホウロウのドット柄のポット。大きな鍋も所有。ホウロウものは蚤の市で少しずつ集めている。3. 昔ながらのフレンチライクなクロスを自分でカスタマイズ。

chapitre 4・Les Créateurs Aiment Bien...

楽しく使って楽しく飾る、ラブリー&キッチュな雑貨が私のお気に入り。

フィフィ・マンディラック
グラフィックデザイナー

懐かしいテイストのフラワーモチーフや、イラストが心温まるデザインのステーショナリーが人気。
www.fifimandirac.com

　出産を機に、18区から郊外の一軒家へ引っ越したフィフィ。「前のアトリエ兼住居が気に入ってたので、ほぼ同じテイストに改装したくて」
　キッチンの電化製品はもちろん、バスルームまでもお気に入りを通した。キッチンとバスルームの間に窓が設けられ、ラブリーなドットのカーテンがセパレートになっている。彼女の作品同様、カラフルでキッチュ、どこか懐かしいテイストが満載だ。キッチンはピンクの壁にして、黒と白のシステムキッチンに。世界中で集めた雑貨と蚤の市の戦利品を飾りつけて、楽しんでいるそう。物がたくさんあると、大変なのは掃除。でも、トレーに置いたり棚にまとめたりして、いろいろと工夫をしている。毎朝飲む紅茶やコーヒーのボウルも、蚤の市やサーブルで購入したものが、たくさん。毎朝そこからひとつ選ぶのも、楽しいひとときだ。

Petit Déjeuner

シンプルな中にボウルの赤が映える。

ゴールドのポットとツェツェの白いお皿は、セントゥギャラリーで。ボウルはサーブルのもの。

Salle de Bain

テーマはプチホテル。

洗面台やランプはアンティーク。蚤の市や旅先で見つけたプチトレーやボックスを並べて、アクセサリーを収納。ダンサーの陶器のオブジェがお気に入り。

chapitre 4・Les Créateurs Aiment Bien...

Cuisine

カラフルな華やかキッチン。

フルーツやお花、造花を飾り、壁はパステルピンク。楽しく賑やかな空間を彩るのは、アンティークのおままごとサイズのカップや水切りなどのキッチングッズ。70年代のル・クルーゼの鍋も自慢。

Ses Objets pour Toujours

1. 裏と表で別の絵が描かれたロシア製の大きなティーポットは、両親からのプレゼント。たっぷり入るので、大人数でブランチする際に大活躍。2. イニシャル入りのシルバーカトラリーは、生まれた時に母親方と父親方、双方の親戚から贈られた。3. バスルームに置いている世界中のビーチの貝殻は、おばあちゃんから受け継いで、毎年数が増えている。

chapitre 4 • Les Créateurs Aiment Bien... 113

シンプルな定番にアンティーク、パリ風ミキシングはおしゃれでも暮らしでも。

ソフィ・レヴィ
アクセサリーデザイナー

どこかトゲのあるアイテムもキュートに見せる、「レ・ビジュー・ドゥ・ソフィー」はパリジェンヌに人気。
www.lesbijouxdesophie.com

　ルーヴル美術館向かいにある18世紀の建物は、教会の鐘も聞こえてくる。キッチンにはクラシカルな絵画、高い天井にはフレスコ画まであり、もともとついていた食器棚も当時のもの。まるで美術館のような空間に、彼女の無国籍なセンスとモダンテイストがうまく調和した、オリジナルの空間が広がる。パリで数年前から爆発的に人気のネスプレッソマシーンで入れたコーヒーに、ヘーゼルナッツのシロップ「MONIN」を入れて飲むという彼女。重厚なキッチンにヴァロリスのアンティーク食器が映える。
　お気に入りのタピスリーがお出迎えするバスルームは、いたってシンプル。お医者さんのようなミラーや、整頓された透明感のあるオブジェが目を引く。スカルやクロコダイルの自作の陶器シリーズは小物入れに使用。ウッドに白を効かせ、スカンジナビア風に仕上げた気持ちのいい空間だ。

Salle de Bain

タピスリーをメインにして。

アフリカもののお気に入りのタピスリーをバスルームに飾って、ゴージャスな空間に。歯医者さんのようなシンプルなミラーや、自作の陶器のクロコダイルのオブジェもクール。

chapitre 4・Les Créateurs Aiment Bien...

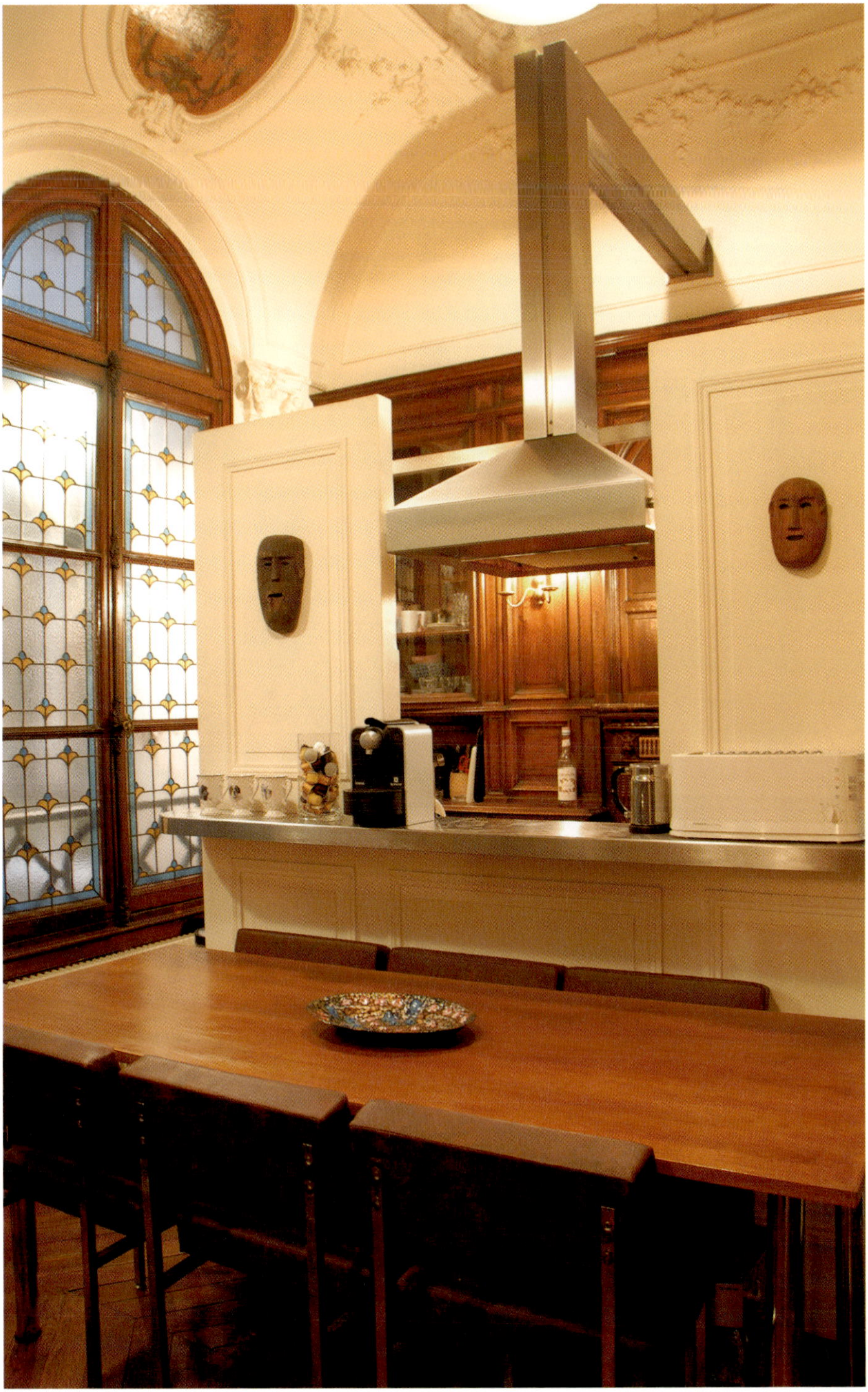

Cuisine

アンティークとモダンのミックス。

リモージュ焼の犬のマグとネスプレッソマシーンが使用率高し。アンティークのお皿はテーブルの飾りとしても楽しんでいる。アフリカの小物など、世界中を旅して集めた雑貨も素敵。

Petit Déjeuner

ラギヨールのカトラリーが主役。

自作のウサギのボウルとヴァロリス風のデミタスに、アビタの独特なフォルムのプレートを合わせて。

Ses Objets pour Toujours

1

2

3

1. おばあちゃんから受け継いで、ファミリーで分けたというクリスタルのカッティングワイングラス。ふたつ所有。 2. 50年代のヴァロリスのヴィンテージプレートは、メインを盛りつけたり、オブジェとしても使って楽しんでいる。 3. 昔から家にあったという、デンマーク製のアンティークタイル。バスルームのアクセントとして使用している。

chapitre 4・Les Créateurs Aiment Bien...

ヴィヴィッドな壁がキャンバス。
毎日役立つ生活ツールも
アート気分にこだわって。

ロール・アルドゥワン
雑貨クリエイター

彼女が手がける「ロレッタ・ディ・ロレッタ」は、一点ものの額装オブジェやメッセージ付きミラーが人気。
www.lorettadiloretta.com

　グッチ、ロシャスパルファンのイベント空間デザインを手がけ、雑貨も制作する彼女。額の中に、蝶や小鳥、冠などのモチーフを配置した一点もののオブジェが人気だ。自分でペイントしたグリーンのバスルームには、アンティークのショーケースにガラスの雑貨やアクセサリーを入れて、美術品のようなディスプレイを施して。キッチンも、もともと真っ白だったものに飽きて、自分でペイント。「食欲がそそられるという赤をチョイスしたの」。母親譲りのハートやカヌレの型を使い、お菓子作りも楽しんでいる。
　トワール・ド・ジュイ・エロティックシリーズは、昔の貴族プリントをもじった作品。テーブルクロスやベッドカバーなどに使用中だ。スツールとしても使える切り株のオブジェなど、自作の雑貨をさらりと飾り、ガラス、ミラーなど、透明感のある小物でバランスをとっているのはさすが。

Salle de Bain

**まるで雑貨屋さんのような
ディスプレイ。**

グリーンにした壁をバックに、ガラスの
小物やショーケースを使い、中に貝殻や
小さなオブジェなどの雑貨を飾りつけた
洗面台。まるで雑貨屋のような気分に。

chapitre 4・Les Créateurs Aiment Bien... 119

Petit Déjeuner

**ポップと
クラシカルの融合。**

サーブルのマグとプレートと、クリストフルのカトラリーがお気に入り。牛のミルクピッチャーが効いている。

Cuisine

**食欲を刺激する
真っ赤なツール。**

ミニココットやネスプレッソマシーンなど、赤いキッチングッズで元気に。右ページのティーポット＆カップのミラーは自作。トースターには赤いCDケースが。

Ses Objets pour Toujours

1. おばあちゃんも持っていた、母親から受け継いだル・クルーゼの鍋"Doufeu"。煮込みはすべてこれで。
2. これも母親からもらったハートの抜き型。サブレやビスケットを作ったり、目玉焼きに使ったり、いろいろ。
3. クリストフルのサーバーは、結婚祝いにいただいたというシルバー。カトラリーは、クリストフルで統一しているそう。

chapitre 4 • Les Créateurs Aiment Bien... 121

Column 02

街で見つけた定番雑貨、ラブリーコレクション。

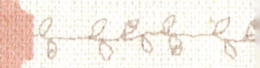

Bol à Café

毎朝のコーヒーは、手のひらで包んで。
重ねておけば、キッチンがぐっとパリ仕様。
もちろん、サラダボウルにも、花瓶にも!

1.50年代のデッドストックもの。24ユーロ 2.厚い陶器にほっこりとした花一輪。20ユーロ 3.30年代のミニボウル。12ユーロ 4.小さな手描きの水玉がかわいい!12ユーロ 5.白い桜がプリントされて。18ユーロ 6.ロマンティックな筆描きのバラが咲く。30ユーロ 7.約100年前の子どもの物語が4つ描かれている。20ユーロ 8.濃紺に描かれた歌う小鳥。素朴なアルザスの絵付け。20ユーロ 9.浅いボウルには優しいピンクにブラウンのバラ。25ユーロ 10.真っ赤に白い水玉がラブリーな定番ボウル。8ユーロ 11.ぼやけた格子のミニボウル。24ユーロ

Linge

キッチンリネンにテーブルクロス、
クッションカバーにカーテンまで。
家中で活躍するリネンは何枚でも欲しい！

1. トリコロールのボーダーがポイント！ 9ユーロ　2. 上質なインドコットンのリネン。9ユーロ　3. 貴族が庭園で戯れる柄の2色織りのテーブルクロス。85ユーロ　4. 青いフリル刺繍のクッションカバー。2枚で10ユーロ　5. ブルーとベージュの凛としたストライプ。4ユーロ　6. 頑丈な麻だから使うほどになじみが増す。5ユーロ　7. 昔ながらのジャム瓶がほのぼのと。15ユーロ　8. アルザスの民族衣装を着た人が描かれたリネン。16ユーロ　9. カーテンには愛いっぱいの家族の姿が刺繍されて。20ユーロ

column 2・Nos Coups de Cœur

Panier

マルシェへのお買い物にはもちろんのこと、
パンを入れたり、宝物をしまったり。
パリジェンヌの数ほどに使い道はたくさん!

1. まるでレース編みのように繊細! 260ユーロ 2. カゴの名産地、ピュイ・ド・ドーム地方の野菜入れ。60ユーロ 3. 1910年代のめずらしいアルミニウム製。2ユーロ 4. 高さ15cmほどのミニパニエ。宝物を隠し持つのにぴったり! 58ユーロ 5. やわらか素材のデカバッグは日常使いに。20ユーロ 6. もともとは魚を入れていたから横長フォルム。72ユーロ 7. 間口の広いバケツ型。かなりの大容量。17ユーロ 8. 優雅な曲線。鮮やかな緑色をした、1942年製の香水瓶パニエ。200ユーロ 9. ペリゴール地方産のパニエは台形でどっしり。117ユーロ 10. しっかり丈夫なつくり。大きさも十分。20ユーロ

Émaillé

パリのキッチンの主役といえばこれ！
軽くて丈夫、色もキレイなホウロウは、
大切に使えば100年は持つ長生き雑貨。

1.無駄のないフォルムにブルーが鮮やか。18ユーロ 2.とぼけた黄色のミルクパン。12ユーロ 3.直径40cmはある大きな容器。200ユーロ 4.おたまは色がかわいくていくつも欲しい！各13ユーロ 5.20世紀初頭に足を洗うお湯を入れていたという。ノーブルな白に繊細なマーガレット。80ユーロ 6.チェリーの鍋敷きは40年代のもの。20ユーロ 7.ペーパーホルダーはニワトリが門番。30ユーロ 8.蓋付きココット鍋には可憐な花模様。32ユーロ 9.緑のラインでおめかし、持ち手が付いて便利なボウル。18ユーロ 10.砂糖、小麦粉、コーヒー、バテ、コショウと書かれたキャニスター。セットで120ユーロ

column 2・Nos Coups de Cœur 125

Coutellerie

サラダにガレット、塩にコーヒー。
一見同じようなフォークやスプーンでも、
用途別に使い分けるのが、パリシック。

1. 紋章のついたスーベニールスプーンはミニサイズ。各8ユーロ **2.** 1800年代の終わりにアブサン酒をかき混ぜるために使われていたカトラリー。お酒の席だから、遊び心も少し！ 各25ユーロ **3.** 丈夫なオリーブの木でできたサラダサーバーは、頭の大きなユーモラスな形。18ユーロ **4.** フランスの洗練が形になったような、スズラン模様のケーキサーバー。27ユーロ **5.** べっ甲のスプーンは塩専用。ササっとひと振りするのにちょうどいい。各5ユーロ **6.** ポップな水玉のカトラリーで食卓を楽しげに。フォーク9.50ユーロ、スプーン9.80ユーロ、ナイフ12.40ユーロ **7.** 小さなお菓子を取り分けるためのカトラリーセット。20年代のアールデコのディテールとカットワークが美しい。68ユーロ

Brosse

家の掃除をして体を洗って、爪を磨いて。
パリのブラシは驚くくらいに千差万別!
それぞれの専門分野にまっしぐらです。

1.19世紀の終わりにレディのドレスをきれいにしていたブラシは銀製。180ユーロ 2.こちらは紳士服用。2種のブラシがついた30年代のもの。100ユーロ 3.サイドのブラシが靴の細かい汚れまで落とします。13ユーロ 4.べっ甲の爪磨きは職人の手作り。35.60ユーロ 5.料理の王国ならでは。きのこの土落とし専用。4.50ユーロ 6.歯ブラシ部分は取り替え可能。50年代当時の機能派。75ユーロ 7.テーブルのパンくず、オーブンの中の掃除などキッチンで大活躍。14.80ユーロ 8.これぞ淑女のたしなみ、銀製のヘアブラシ。80ユーロ 9.パティスリー専用のバターを塗るシルクの刷毛。16.30ユーロ 10.一家に一本、万能ほうき。5ユーロ 11.ブルーのブラシでお風呂のタイルをピカピカに。3.20ユーロ

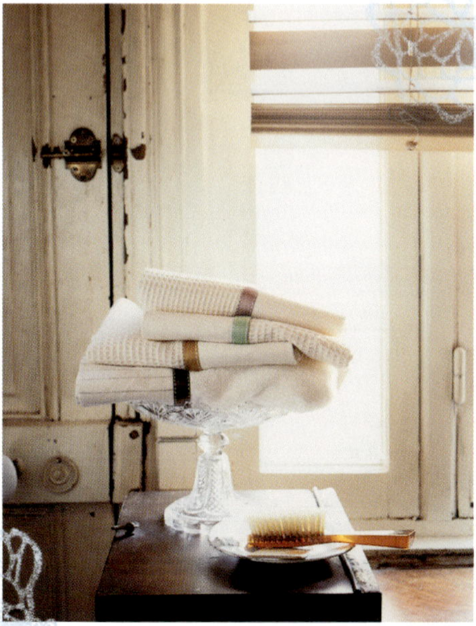

chapitre 5

**欲しい雑貨はここで探そう、
街で評判のお店。**

Nos Meilleures Adresses

**ガラス小物、調理器具、
広告グッズ、リネン‥‥‥
欲しいものが見つかる
人気のショップを一挙に紹介!**

Verres

ロマンティックなガラスが、古い物語を聞かせてくれる。

mémo

ブロカント屋でガラスを購入する時は、ネーム入りのバカラ、サンルイ、ドームなどのブランドクリスタルを買うのが確実だが、古いものほど刻印やサインがない。その際、その時代のカタログなどから、時代が判明するので、ブランドが不確定で高価なものは店のオーナーによく相談して。18世紀の乳白色のオパリンガラスは希少だから、狙い目。

Vizzavona
ヴィッザヴォナ

ふぞろいなガラスの記憶に魅せられて。

モーブ色がかったガラスのグラス。17～19世紀、大量生産などできなかった時代に、ひとつひとつを火の中で吹きながら作った人の姿を思い描き、たちのぼる記憶を感じることがなによりも好きだというご主人。棚一面に並んだグラスはどれもふぞろいで、それぞれにかわいらしい個性がある。

入って左の棚には普段使いのグラスが。奥には19世紀のバカラやサンルイのものが並ぶ。各15～40ユーロ。ルイ14世のおかかえ職人だったペローが作ったミュージアムピース級のものも飾られている。

Où trouver?

map H-29
29, rue Clauzel 75009
☎ 06・85・11・29・63
Ⓜ SAINT GEORGES
㊡11時30分～19時(火～金)14時30分～19時(土)
㊍日、月、8月
カード不可

Loulou
les Ames Arts
ルル・レ・ザーム・アール

飾るも使うも良しの、パリシックな日用品。

オーナーのルルさんの本業はフォトグラファー。アトリエ兼ショップでは、どんなインテリアにも似合う医療関連の家具や試験管などのガラス製品が豊富。痛んだ家具はリメイクし、シックなインテリアとして生まれ変わらせている。おすすめは1930年代のパステルピンクやブルーのカラーグラスで、淡い色合いが美しい。

1930年代のショットグラス。グレーがかったブルーのグラデーションが爽やかな美しさ。3個セットで40ユーロ

左：店内は昔の医療器具とカントリー風の素朴な古道具が絶妙にマッチ。一風変わったガラス瓶が多く見つかる。右：1900年頃のイニシャル入りクリスタルグラス。ダイヤモンドカットが施され、気品が漂う。28ユーロ

Où trouver?
map E-30
104, quai de Jemmapes 75010
☎01・42・00・91・39
Ⓜ JACQUES BONSERGENT
営14時〜19時(水〜土)
15時〜18時(日)
休月、火　カード不可

chapitre 5・Nos Meilleures Adresses　131

Archi-Noire
アルシ・ノワール

まるで宇宙に輝く星！きらめく雑貨の待つ店へ。

薄暗い店内には、ライトに照らされて美しい光を放つガラス製品や1930〜80年代の古道具がきらきらと瞬く。祖父が日本人という日本晶屓のオーナーが、サウスピガールと呼ばれる一角にショップを構え、色鮮やかでレトロな雑貨を日々集めている。日本人に好意的で、プライス交渉もOK。

上：1950年代までに作られたと思われるカラフは樽をモチーフにした繊細な品。丸いフォルムが愛らしい。12ユーロ　下：フランスのドーム社のクリスタルベースは1960年代の一品。130ユーロ

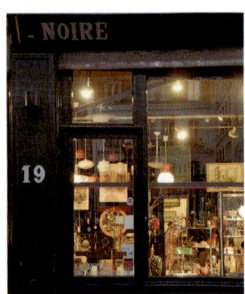

真っ黒な外観に浮かび上がるのは、ライトやガラス器のまぶしい光。チャイムを押して開けてもらって。

Où trouver?

map H-㉛
19, rue Victor Massé 75009
☎01・48・78・01・82
ⓂPIGALLE
㊀15時〜20時(水) 14時〜19時30分(木,金) 14時〜20時(土)
㊡日〜火,祭　カード：Ⓐ、Ⓜ、Ⓥ

1945年頃の蓋付きのガラスボックスはコットンやパウダー入れとして使われていたとか。ジュエリーやキャンディを入れても。50ユーロ

Belle de Jour
ベル・ドゥ・ジュール

古き良き時代を物語る、淑女なアイテムを。

モンマルトルのサクレクール寺院の麓に立つロマンティックな店。お姫様の部屋のようなピンクの店内には、19〜20世紀初頭の女性の身のまわりに欠かせなかった香水瓶やバカラやサンルイのバスグッズがたくさん揃う。エレガントなベルエポックの香水瓶が20年代の淑女気分にさせてくれるはず。

アールヌーヴォー、アールデコの時代の香水瓶が当時の広告やイラストとともに飾られ、店内はまるで宮殿のよう。

左：1925年頃の香水瓶。デ・ザネ・フォリと呼ばれた時代ならでは。香水を入れて、パフッと一吹き。280ユーロ　右：1900年代前半のバスソルト用小瓶。手描きのゴールドが効いている。280ユーロ

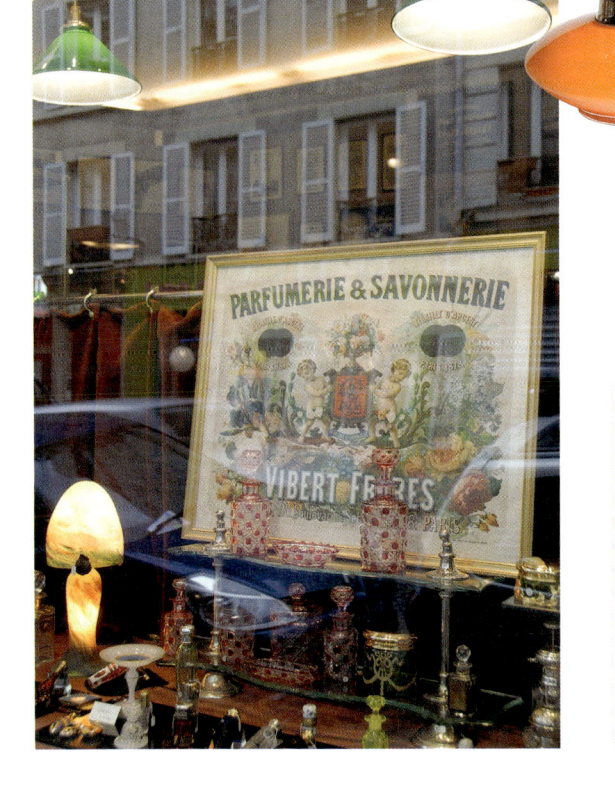

Où trouver?
map H-㉜
7, rue Tardieu 75018
☎01・46・06・15・28
ⓂANVERS
営 10時30分〜13時、14時〜19時(火〜金)　10時30分〜13時、14時〜18時(土)
休 日、月、祭
カード：Ⓐ、Ⓜ、Ⓥ
www.belle-de-jour.fr

chapitre 5・Nos Meilleures Adresses

Objets de Pub

みんなに愛される、
広告キャラや
ノベルティグッズを狙って。

mémo

狙い目はリキュールブランド、ベルジェールのノベルティグッズ。ロゴの書体がポップで人気がある。70年代にノベルティが生産中止になり、価格が高騰。特にピッチャーの赤と白がレアだ。リカールは現在もノベルティを定期的に生産していて最もポピュラー。過去にはオルゴール付きのピッチャーまで登場した。灰皿は、生産が激減、入手困難になりつつある。

Broc2bars
ブロックドゥバール

狙いは灰皿！消滅危機のワケは？

昔ながらのカフェやバーで、必ず見かけたロゴ入りの灰皿。飲食店内での喫煙が禁止されて以来、街からテラス席以外の灰皿が取り払われたパリ。アルコールブランドが作っているノベルティにも影響し、灰皿は製造されなくなった。この店にはそんなレアな灰皿や、古いお酒のノベルティグラスがいまもまだ豊富に揃う。

左：1960年代頃のものと思われる、ベジタブル味のキャンディが詰められていた陶器の小物入れ。素朴な柄がかわいい。25ユーロ　右：70年代のバナニアのココア缶。いまではレプリカも発売されている。バナニアの顔が時代によって違うので、多種類集めても面白い。23ユーロ

40年代のアルコールブランド、シスカの灰皿は、鳥モチーフのユニークな品。79ユーロ

Où trouver?

map G-33
11, rue Chanzy 75011 ☎01・43・79・47・46　Ⓜ FAIDHERBE CHALIGNY
営 10時〜19時　休 月〜水、土、日、祭
カード：Ⓜ・Ⓥ　www.broc2bars.com

ショップ内にはブリキ缶の山が。人気は、ビールブランドのノベルティだそう。

chapitre 5・Nos Meilleures Adresses

Et Puis C'est Tout
エ・ピュイ・セ・トゥ

コレクター魂揺さぶる、マニアックなセレクト。

ボボたちがこぞって集まる流行のエリア、サウス・ピガール界隈で、脱サラしたオーナーが始めたのは広告ものを多数扱うコレクターショップ。50年代頃の地球儀ランプやデスクのほか、キーホルダーや灰皿、グラスなど、ロゴのデザインが光るかつてのノベルティが勢揃い。リーズナブルな価格帯も嬉しい。地下にはオーナー自身のコレクションも！

50年代のベルジェールのピッチャー50ユーロ

上：1945年頃にサロンドテを構えていたショップ、エレファントティー。象型ポットはノベルティとして90年代まで愛されていた非売品。30ユーロ　下：坂道の途中にひょっこり現れる黄色い外観が目印。

70年代のエアラインバッグ。フライトの際に配られたとされるノベルティで多色存在している。25ユーロ

Où trouver?
map H-34
72, rue des Martyrs 75009
☎01・40・23・94・02
Ⓜ PIGALLE
営 14時〜19時（月）
　 12時〜19時30分（火〜土）
休 日　カード：Ⓜ、Ⓥ

Phoenix
フェニックス

好きなものを集めた、自分だけの城。

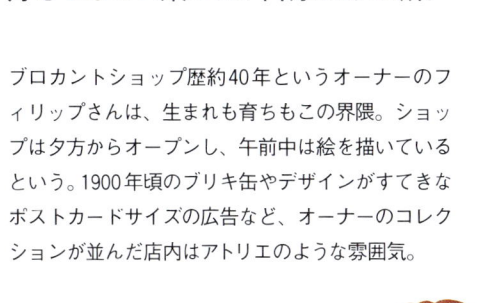

ブロカントショップ歴約40年というオーナーのフィリップさんは、生まれも育ちもこの界隈。ショップは夕方からオープンし、午前中は絵を描いているという。1900年頃のブリキ缶やデザインがすてきなポストカードサイズの広告など、オーナーのコレクションが並んだ店内はアトリエのような雰囲気。

ブリキ缶や段ボールの立て看板など、欲しいものを伝えれば、奥からどんどん出してくれる！

左：ランスのスーパーマーケットのノベルティとして、1925年頃に配られた手鏡は、アールデコ風のデザインが美しい。40ユーロ　右上：1900年頃、試食用にビスケットをたった2枚入れるためだけに作られたブリキのボックス38ユーロ　右下：男の子のロゴが斬新＆キュート。1950年代のポストカード20ユーロ

Où trouver?
map H-㉟
88, rue de Rochechouart
75009 ☎01・48・78・06・09
Ⓜ ANVERS　営16時〜19時
休日、月、祭　カード：ⓂⓋ

chapitre 5・Nos Meilleures Adresses　137

Ustensiles de Cuisine

かつて大きなマルシェがあったレ・アール。
そこに生まれた調理器具の専門店を訪ねて。

E.Dehillerin
ウ・ドゥイルラン

パリいち！ 調理器具なら迷わずここへ。

フランス料理を作るためだけに集められた器具は4000種以上。創業は1820年。トレンドとは関係なく、プロもママンも愛用できる昔からの定番を扱うことを誇りに、いまのオーナーは5代目のエリックさん。なにに使うのか想像もつかないような道具で埋め尽くされた店内は小さな合羽橋さながらの風情で、謎解きをするような感覚が楽しい！ 混み合った店内には、おばあちゃんがかつてここで買い求めたという古びた鍋を、また使えるようにと修理に持ち込んだ若い女性の姿も。キッチンではアナログで真面目な道具が、いちばん強くて美しい。それを再認識。

入って左手の壁一面にあるのは、「キュイーブル」というメーカーのシリーズ。昔から人気の定番商品。

料理の型も、同じ形でこんなにたくさんのサイズがあるのかと思うほどの品揃え。

天井からも器具が下がる！　棚は1920年代から変わらぬものを愛用しているのだという。

Où trouver?

map A-㊱
18/20, rue Coquillière 75001
☎01・42・36・53・13　ⓂLES HALLES
㊀9時〜12時30分、14時〜18時(月) 9時〜18時(火〜土)
㊡日、祭　カード：Ⓜ、Ⓥ　www.dehillerin.com

chapitre 5・Nos Meilleures Adresses

Mora
モラ

プロ意識とママンの感覚をミックス。

料理が大好き、自身も母親である5代目オーナーのカトリーヌさんの女性ならではのアイデアで、子どものバースデー用のデコレーション雑貨が楽しげに並ぶモラ。もちろん1814年に店を開いた頃からのプロ仕様のアイテムも豊富だ。なかでも「マットフェール」という、彼女のファミリー経営ブランドの作る刷毛は秀逸で、チキンに油を塗ったりケーキにバターを塗ったりと、フランス国内で愛用されている。ジョエル・ロブション監修のナイフも人気のアイテム。創業当時から変わらぬ白衣姿で迎える店員の姿は、プロフェッショナルな店の象徴だ。

ブラウンのシックな外観の店を入って右側が子どものためのコーナー。

上：幅も大きさもいろいろの「マットフェール」の刷毛。2〜6ユーロ　下：子どもも喜びそうな、さまざまなマドレーヌの型。見ているだけでも楽しい。

白衣姿できびきびと働くスタッフの姿が気持ちいい。もちろん応対も丁寧で、みな知識も豊富だ。

Où trouver?

map A-37
13, rue Montmartre 75001
☎01・45・08・19・24
ⓂLES HALLES　営9時〜18時15分(月〜金) 8時30分〜13時、13時45分〜17時(土)　休土(8月のみ)、日、祭　カード：Ⓐ、Ⓙ、Ⓜ、Ⓥ
www.mora.fr

A.Simon
ア・シモン

白い食器が目印、2店舗並ぶ大型店。

ひときわ目を引く壁一面の白い食器。現オーナーであるシモンさんのおじいさんがその「ピリヴュイット」という食器メーカーのオーナーで、1884年に店を開いた頃は食器の専門店だったそう。40年代から調理器具も扱い始め、アイテム約20000種、100人を超す職人との取引がある大型店へと成長した。数あるアイテムの中でも、とりわけ信頼が厚いのがパティシエ用のもの。いまなお人気の白い食器を抜いて、いちばんの売れ筋だ。店はとなりあって2店舗。食器やリネンなどはメインの入り口から、より専門的なアイテムは小さな入り口を入って。

小さな方の店には、より専門的なアイテムが。

メイン店の入り口。店名のAは初代オーナーアルフレッドさんのイニシャル。

右が現オーナーのチェリー・シモンさん。左は、将来店を継ぐため勉強中の息子のエドワールさん。シンプルな「ピリヴュイット」の白い食器の前で。

Où trouver?
map A-38
48/52, rue Montmartre 75002
☎01・42・33・71・65
ⓂLES HALLES
㊠13時30分〜18時30分(月)
9時〜18時30分(火〜土)
㊡日、祭　カード：Ⓐ、Ⓜ、Ⓥ
www.simon-a.com

chapitre 5・Nos Meilleures Adresses

Outils Anciens

古くから暮らしの一部だった道具たちは、
人のぬくもりを吸収していっそう輝く。

Quincaillerie Leclercq
カンカイユリ・ルクレール

家に必要な装飾金具、それ一筋の老舗専門店。

家が一枚のドレスだとしたら、必要な装飾品はすべてある。ボタンにも似て華やかなノブ、ドアベル、壁につけるコート掛け、そして調度品のブロンズ飾り。1840年代に創業して以来、店が抱える職人が作り上げた型を数多く所有。それらを再生産するかたわら、ルイ13世の時代の美しいアンティークも豊富に。開店から、古く錆びた鍵を片手に、それに合う鍵穴を求めに来る人などで店内は大にぎわい！ ご主人のニコラさんが15000種もあるというアイテムを収めた棚の中から、客が求めるものを探し出す姿は見事。さあ出番だと、古い道具が新しい家へ、旅立っていく。

100年以上昔の棚の中に、さまざまな道具が眠っている。ドアノブの価格は15ユーロ前後のものが多い。

ルイ13世の時代から30年代までのアンティークのノブ。光を透かした姿の美しいことといったら！

Où trouver?
map G-㊴
151, rue du Faubourg
Saint Antoine 75011
☎01・43・43・06・41
Ⓜ LEDRU ROLLIN
㊀10時〜13時、
14時30分〜18時
㊡日、月、祭
カード：Ⓜ、Ⓥ
www.alaprovidence.fr

上：入って右にキャッシャーが。自身もかつては客のひとりであり、店に惚れ込んでオーナーを引き継いだというニコラさん。下左：創業当時の写真が飾られて。下右：ドアや調度品を彩るブロンズの飾り。いまや世界各国からオーダーがある人気の店だ。

chapitre 5・Nos Meilleures Adresses

Linge

キッチンクロスに
カルトナージュ、
リネン類は何枚も欲しい!

mémo

1900年頃のシーツやパジャマなら、イニシャルの刺繍入りのものが高価。麻100%の布もこの時代に多く、その後コットン混合のメティス生地になっていく。クロスステッチや刺繍はハンドメイドものを狙って。状態の良いアンティークリネンを扱うショップでは、デッドストックであっても一度染み抜きした状態で店頭に並べていることが多い。

Emilie
エミリ

女の子の夢が詰まった、エミリの部屋へ。

若手のオーナー、エミリさんが経営する下町のブロカント屋には、ガーリーなアイテムがいっぱい。キラキラ煌くクリスタルガラス、金のフレームのエレガントなミラー、ヴィンテージファッションまで、パリジェンヌのお部屋をひっくり返したようなショップだ。状態の良い布箱がリーズナブルでおすすめだ。

上:約60年前のティークロスには、電線にとまったつがいのツバメが刺繍されて。セットで25ユーロ　下:古い布を手作業で張って作るフランスの伝統工芸、カルトナージュの小箱。コンディション抜群でこの価格はお得。8ユーロ

144

上：1世紀前のクリームがかった白い食器やガラスが並ぶ田舎風のディスプレイ。下：生成りのクロスの中央に赤いイニシャルとモノグラムの刺繍入り。20年代のテーブルクロスとナプキンのセットで60ユーロ

Où trouver?

map H-❹
22, rue Hermel 75018　☎01・42・64・51・57
Ⓜ JULES JOFFRIN
🕓15時〜19時30分(火〜金)　11時〜13時(土)
㊡日、月　カード不可

chapitre 5・Nos Meilleures Adresses　145

Tout ce que l'on cherche est là!

Droguerie Leprince
ドログリイ・ルプランス　map J-㊶

洗剤から鍋まで生活に必要なものはなんでもある日用品店。おすすめはブラシ類と外に並んだカラフルなパニエ。

24, rue des Patriarches 75005　☎01・47・07・36・61
ⓂCENSIER DAUBENTON　㊋10時15分〜13時、14時30分〜19時(火〜金)　9時30分〜13時、14時30分〜19時(土)　9時30分〜13時(日)　㊡月、祭
カード：ⓂⓋ　www.droguerieparis.com

Vilmorin
ヴィルモラン　map A-㊷

1743年創業。パリいち古いガーデニング店には、外まで緑があふれる。個性的なプランターはここで見つかる。

4, quai de la Mégisserie 75001
☎01・42・33・61・62
ⓂCHATELET　㊋9時30分〜18時30分
㊡日、祭　※3〜5月は〜19時で無休
カード：ⒶⓂⓋ　www.vilmorin-jardin.com

Le Cèdre Rouge
ル・セードル・ルージュ　map A-㊸

パニエやプランター、エプロン、シューズなど、ほかにはないカラフルでデコラティブなガーデングッズがお得意(取材後に外観を改装)。

22, avenue Victoria 75001
☎01・42・33・71・05　ⓂPONT NEUF
㊋12時15分〜19時(月) 10時45分〜19時(火〜金)
10時15分〜19時(土)　㊡日、祭
カード：ⓂⓋ　www.lecedrerouge.com

Le Petit Atelier de Paris
ル・プティ・アトリエ・ドゥ・パリ　map B-㊹

白くてシンプルな陶器の皿やオブジェをオリジナルデザイン。天井からつるされたモビールは隠れた人気もの。

31, rue de Montmorency 75003
☎01・44・54・91・40
ⓂRAMBUTEAU　㊋13時〜20時
㊡日〜水、祭　カード：ⓂⓋ
www.lepetitatelierdeparis.com

Astier de Villatte
アスティエ・ドゥ・ヴィラット　map A-㊺

日本でもファンの多い白い陶器、アスティエ・ド・ヴィラットの本店。新着アイテムがいち早く並ぶのでチェック。

173, rue Saint Honoré 75001
☎01・42・60・74・13　ⓂPALAIS ROYAL
㊋11時〜19時30分　㊡日、祭
カード：ⒶⒿⓂⓋ
www.astierdevillatte.com

Cire Trvdon
シール・トルドン　map C-㊻

パリでいちばん古い、人気のキャンドル店。おすすめはナポレオンやマリー・アントワネットの胸像キャンドル。

78, rue du Seine 75006
☎01・43・26・46・50
ⓂODEON　㊋10時〜19時
㊡日、祭　カード：ⓂⓋ
www.cirier.com

Le Jardin d'Olaria
ル・ジャルダン・ドラリア　map C-㊼

洗練とキッチュをほどよくミックスしたおしゃれガーデングッズがたくさん。テーブルまわりのものもアリ。

5, rue Médicis 75006
☎01・43・26・31・25　ⓂODEON
㊋10時30分〜19時(月〜土) 11時30分〜19時(日)
無休　カード：ⓂⓋ
www.lejardindolaria.com

BHV
ベーアッシュヴェ　map B-㊽

小さな電球から大型家具まで、なんでも揃う日用雑貨の大型デパート。オリジナルのガーデングッズがおすすめ。

52/64, rue de Rivoli 75004
☎01・42・74・90・00　ⓂHOTEL DE VILLE
㊋9時30分〜19時30分(月、火、木、金)
9時30分〜21時(水) 9時30分〜20時(土)
㊡日、祭　カード：ⒶⓂⓋ　www.bhv.fr

まだまだあります、パリらしい生活グッズが見つかるお店。

洗練されたガーデングッズは英国テイスト。一生使えそうな丈夫で丁寧な作りのエプロンやシャベルなど。

Le Prince Jardinier
ル・プランス・ジャルディニエ　map C-㊾

46, rue du Bac 75007
☎01・44・55・07・15　ⓂRUE DU BAC
(営)10時〜19時(火〜土) 10時〜13時、14時〜19時(月)
(休)日、祭　カード：Ⓙ、Ⓜ、Ⓥ
www.princejardinier.fr

左岸のデパート。ファッションからコスメ、インテリア雑貨まで、いまのパリのトレンドを知るならここへ。

Le Bon Marché
ル・ボン・マルシェ　map C-㊿

24, rue de Sèvres 75007
☎01・44・39・80・00　ⓂSEVRES BABYLONE
(営)9時30分〜19時(月〜水、金)　10時〜21時(木)
9時30分〜20時(土)　(休)日、祭
カード：Ⓐ、Ⓓ、Ⓙ、Ⓜ、Ⓥ　www.lebonmarche.com

カトラリー専門店には持ち手の部分がチェックや水玉などの模様になった、ポップなアイテムがたくさん！

Sabre
サーブル　map C-(51)

4, rue des Quatre Vents 75006
☎01・44・07・37・64　ⓂODEON
(営)10時〜13時30分、14時〜19時15分(月〜金)
10時〜19時15分(土)
(休)日、祭　カード：Ⓐ、Ⓜ、Ⓥ

アジアや東欧などのエスニックなテイストをプラス。リネンやホウロウグッズのほかに、カードやポーチも人気。

Caravane Emporium
カラヴァンヌ・エンポリウム　map G-(52)

22, rue Saint Nicolas 75012
☎01・53・17・18・55
ⓂLEDRU ROLLIN　(営)11時〜19時
(休)日、月、8月の15日間、12/25、1/1
カード：Ⓐ、Ⓜ、Ⓥ

リネンに入れるオリジナルの刺繍がかわいい！刺繍のオーダー後日本への発送も可能。完成までは1カ月半ほど。

Vis à Vis
ヴィ・ザ・ヴィ　map G-(53)

20, rue Saint Nicolas 75012
☎01・46・28・56・56
ⓂLEDRU ROLLIN　(営)9時30分〜18時
(休)土、日、祭、8月　カード：Ⓜ、Ⓥ
www.visavisparis.com

ガラスのグラスやキャニスターなど、プチプリのフレンチシック＆ロマンティック雑貨が店内にあふれている。

Jardin d'Ulysse
ジャルダン・デュリス　map A-(54)

9, boulevard Malesherbes 75008
☎01・42・65・28・01
ⓂMADELEINE　(営)10時〜19時　(休)日、祭
カード：Ⓐ、Ⓙ、Ⓜ、Ⓥ
www.jardindulysse.com

洗練されたゴシックテイストの雑貨など、パリでいま見るべきコンテンポラリーアイテムやクリエイターものが。

Fleux'
フリュックス　map B-(55)

39, rue Sainte Croix de la Bretonnerie 75004
☎01・42・78・27・20　ⓂHOTEL DE VILLE
(営)11時〜19時30分(月〜金) 10時30分〜20時(土)
14時〜19時30分(日、祭)　(休)12/25、1/1
カード：Ⓐ、Ⓜ、Ⓥ　www.fleux.com

パステルカラーのマカロンが人気のサロンドテ。キャンドルやノートなど、スイーツ以外のアイテムもチェック。

Ladurée
ラデュレ　map I-(56)

75, avenue des Champs Elysées 75008
☎01・40・75・08・75　ⓂGEORGE V
(営)7時30分〜23時(月〜金)　8時30分〜24時(土)
8時30分〜22時(日、祭)　無休
カード：Ⓐ、Ⓓ、Ⓙ、Ⓜ、Ⓥ　www.laduree.com

改装したフォーブルサントノーレ通りの本店では、2階のメゾンコーナーで食器や小物もぜひチェックして。

Hermès
エルメス map A-(57)

24, rue du Fbg Saint Honoré 75008
☎01・40・17・46・00
ⓂCONCORDE (営)10時30分〜18時30分
㊡日、祭 カード：Ⓐ、Ⓓ、Ⓙ、Ⓜ、Ⓥ
www.hermes.com

シャンデリアからグラスまで世界中で愛されるクリスタル。16区のバカラミュージアム内のショップもおすすめ。

Baccarat
バカラ map A-(58)

11, place de la Madeleine 75008
☎01・42・65・36・26
ⓂMADELEINE (営)10時30分〜19時30分
㊡日、祭 カード：Ⓐ、Ⓓ、Ⓙ、Ⓜ、Ⓥ
www.baccarat.fr

イームズのチェアからクリエイターの食器など、センスが光るセレクトが人気。地下にはベッドリネンも豊富。

Home Autour du Monde
ホーム・オトゥール・デュ・モンド map B-(59)

8, rue des Francs Bourgeois 75003
☎01・42・77・06・08 ⓂSAINT PAUL
(営)11時〜19時（月〜土） 13時30分〜19時（日、祭）
無休 カード：Ⓐ、Ⓜ、Ⓥ
www.bensimon.com

量り売りの茶葉のボックスに圧倒される、老舗サロンドテ。和風テイストのカップ＆ソーサーやティーポットも。

Mariage Frères
マリアージュ・フレール map B-(60)

30, rue du Bourg Tibourg 75004
☎01・42・72・28・11
ⓂHOTEL DE VILLE (営)10時30分〜19時30分
㊡12/25、1/1、5/1 カード：Ⓐ、Ⓙ、Ⓜ、Ⓥ
www.mariagefreres.fr

ロワール生まれの陶器は絵柄が多く目移りしてしまうほど。イニシャルを入れるオーダーメイドプレートもある。

Gien
ジアン map A-(61)

18, rue de l'Arcade 75008
☎01・42・66・52・32 ⓂMADELEINE
(営)10時30分〜19時（火〜金） 11時〜18時30分（土）
㊡日、月、祭 カード：Ⓐ、Ⓓ、Ⓙ、Ⓜ、Ⓥ
www.gien.com

大人も楽しめる子ども部屋作りのためのグッズがたくさん。コラボレーションやアンティークアイテムも必見だ。

Serendipity
セレンディピティ map C-(62)

17, rue des Quatre Vents 75006
☎01・40・46・01・15
ⓂODEON (営)11時〜19時
㊡日、月、祭 カード：Ⓜ、Ⓥ
www.serendipity.fr

無国籍な雰囲気のフラワープリントアイテムなど、世界中の雑貨と古物のショップ。オリジナル商品もあり。

Les Touristes
レ・トゥーリスト map B-(63)

17, rue des Blancs Manteaux 75004
☎01・42・72・10・84
ⓂHOTEL DE VILLE
(営)12時〜19時 ㊡日、月、祭
カード：Ⓜ、Ⓥ www.lestouristes.eu

業務用の白い食器や、ユーモアあふれるキッチングッズがすべてプチプリで見つかる。お土産探しにもおすすめ。

La Vaisselerie
ラ・ヴェセルリー map A-(64)

332, rue Saint Honoré 75001
☎01・42・60・64・50
ⓂTUILLERIES
(営)10時30分〜19時 ㊡日、祭
カード：Ⓐ、Ⓜ、Ⓥ

Christofle
クリストフル　map A-㊹

シルバーカトラリーや小物を、結婚祝いや誕生祝いに贈るというフランス。孫の代まで受け継がれる一生ものが。

9, rue Royal 75008
☎01・55・27・99・77
ⓂCONCORDE　㊋10時30分〜19時
㊡日、祭　カード：Ⓐ、Ⓓ、Ⓙ、Ⓜ、Ⓥ
www.christofle.com

Just for Life
ジャスト・フォー・ライフ　map H-㊻

プラスチックのゴブレットやカトラリーなど、ピクニックや子ども用にぴったりなポップな実用雑貨が満載。

20, rue Houdon 75018
☎01・42・23・07・14
ⓂABBESSES
㊋11時〜20時(火〜土) 13時〜20時(日、祭)
㊡月　カード：Ⓜ、Ⓥ

Carouche
カルッシュ　map G-㊼

カスタマイズして、ぼろぼろになった家具に第2の人生を与えるというコンセプト。クリエイター雑貨もあり。

18, rue Jean Macé 75011
☎01・43・73・53・03
ⓂFAIDHERBE CHALIGNY　㊋11時〜19時
㊡日、月、祭　カード：Ⓜ、Ⓥ
www.carouche.typepad.com

Oliviers & Co.
オリヴィエ・エ・コー　map B-㊽

地中海料理に欠かせないオリーブオイルと南仏風の食器など、オリーブにまつわるものがたくさん見つかる。

47, rue Vieille du Temple 75004
☎01・42・74・38・40
ⓂHOTEL DE VILLE、SAINT PAUL
㊋11時〜20時　㊡12/25、1/1
カード：Ⓐ、Ⓓ、Ⓙ、Ⓜ、Ⓥ　www.oliviers-co.com

Luka Luna
ルカ・ルナ　map B-㊾

フランスを中心としたヨーロッパのクリエイター雑貨が豊富にラインナップ。オリジナルもチェックしたい。

77, rue de la Verrerie 75004
☎01・48・87・28・18　ⓂHOTEL DE VILLE
㊋12時〜20時(月〜金)　11時〜20時(土、祭)
13時〜20時(日)　無休　カード：Ⓜ、Ⓥ
www.lukaluna.com

Vert d'Absinthe
ヴェール・ダブサント　map B-㊿

アブサン酒に魅せられたというオーナーが開いた、アブサン酒通が集うショップ。お酒から専用グラスまで揃う。

111, rue d'Ormesson 75004
☎01・42・71・69・73
ⓂSAINT PAUL
㊋12時〜19時　㊡日、月、祭
カード：Ⓜ、Ⓥ　www.vertdabsinthe.com

chapitre 5 • Nos Meilleures Adresses

Plan de Paris

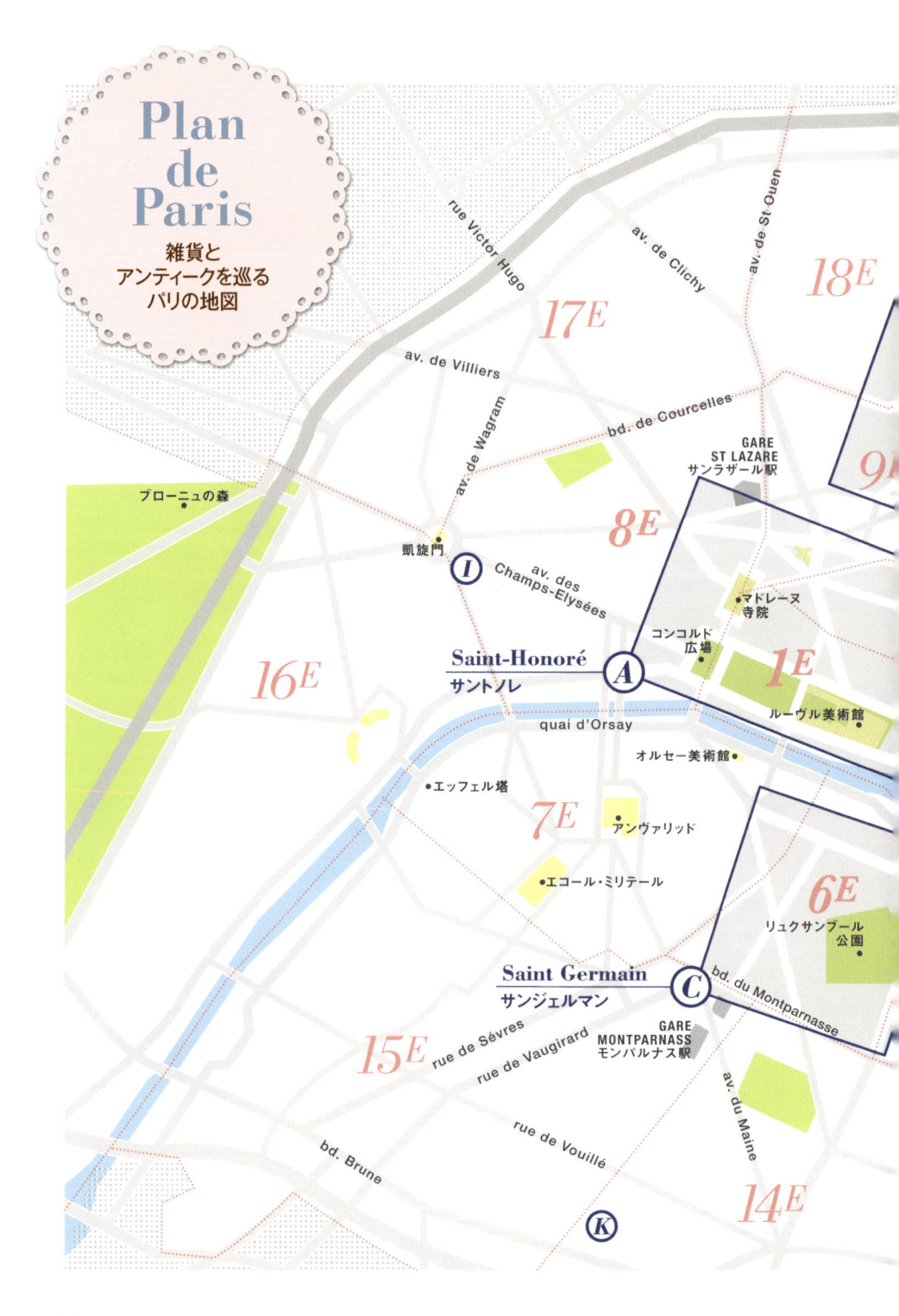

雑貨と
アンティークを巡る
パリの地図

rue Victor Hugo
av. de Clichy
av. de St-Ouen

17ᴱ
18ᴱ

av. de Villiers
av. de Wagram
bd. de Courcelles

GARE ST LAZARE
サンラザール駅

9ᴱ

ブローニュの森
凱旋門
8ᴱ
av. des Champs-Elysées

Ⓘ

マドレーヌ寺院
コンコルド広場

Saint-Honoré
サントノレ
Ⓐ

1ᴱ
ルーヴル美術館

16ᴱ
quai d'Orsay
オルセー美術館

●エッフェル塔
7ᴱ
●アンヴァリッド

●エコール・ミリテール

6ᴱ
リュクサンブール公園

Saint Germain
サンジェルマン
Ⓒ
bd. du Montparnasse

15ᴱ
rue de Sèvres
rue de Vaugirard

GARE MONTPARNASS
モンパルナス駅

av. du Maine

bd. Brune
rue de Vouillé

Ⓚ
14ᴱ

150

D bd. Ney

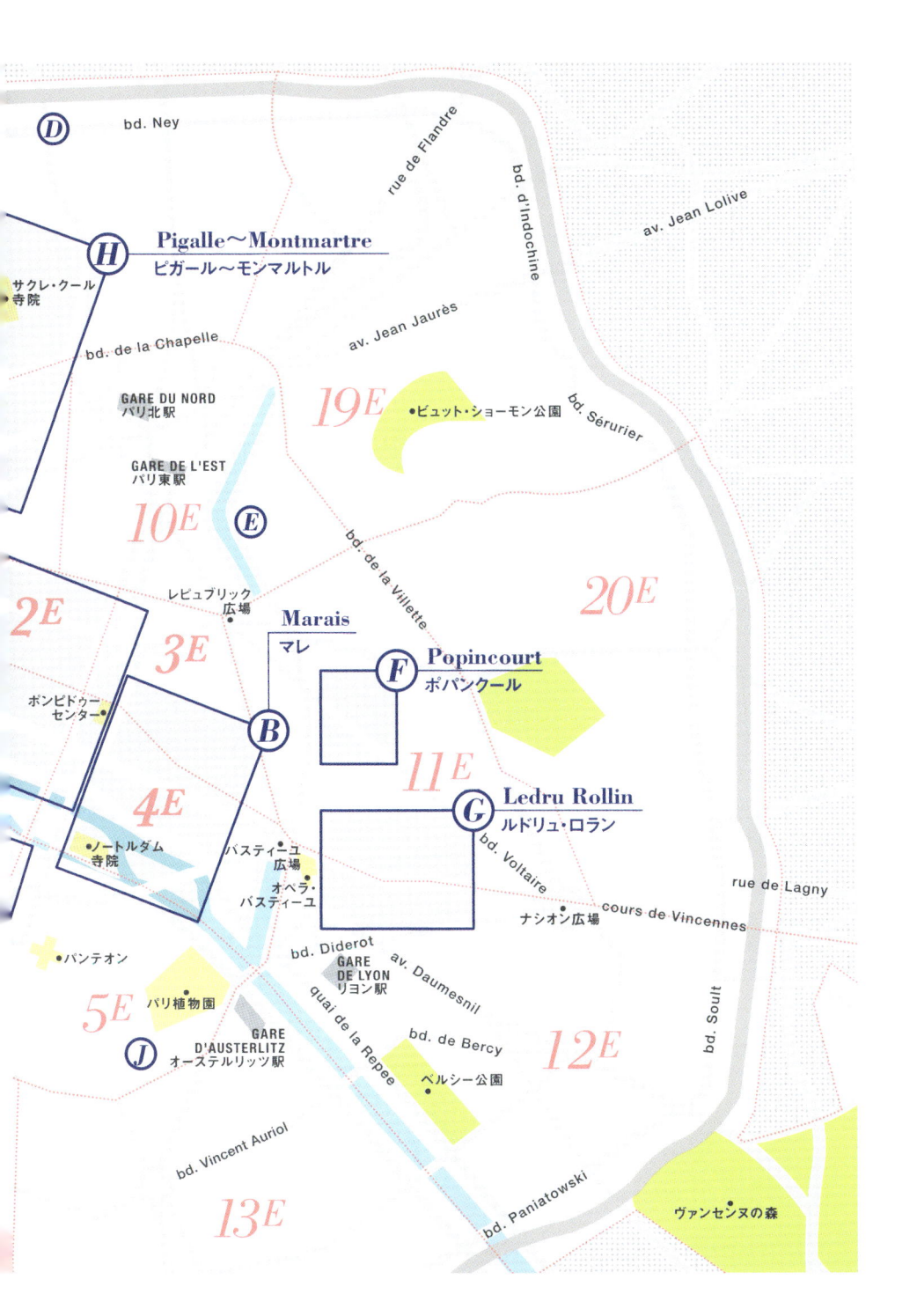

H **Pigalle〜Montmartre**
ピガール〜モンマルトル

サクレ・クール
寺院

bd. de la Chapelle

rue de Flandre

bd. d'Indochine

av. Jean Lolive

av. Jean Jaurès

19E

●ビュット・ショーモン公園

bd. Sérurier

GARE DU NORD
パリ北駅

GARE DE L'EST
パリ東駅

10E

E

bd. de la Villette

20E

レピュブリック
広場●

Marais
マレ

2E

3E

F **Popincourt**
ポパンクール

●ポンピドゥー
センター

B

4E

●ノートルダム
寺院

バスティーユ
広場●

オペラ・
バスティーユ●

11E

G **Ledru Rollin**
ルドリュ・ロラン

bd. Voltaire

rue de Lagny

ナシオン広場●

cours de Vincennes

●パンテオン

bd. Diderot

GARE
DE LYON
リヨン駅

av. Daumesnil

5E

●パリ植物園

J

GARE
D'AUSTERLITZ
オーステルリッツ駅

quai de la Repée

bd. de Bercy

●ベルシー公園

12E

bd. Soult

bd. Vincent Auriol

13E

bd. Paniatowski

ヴァンセンヌの森

Plan de Paris　151

A. サントノレ

- ㊾ **Gien** ジアン ▶P148
- ㊾ **Jardin d'Ulysse** ジャルダン・デュリス ▶P147
- ㊽ **Baccarat** バカラ ▶P148
- ㊼ **Hermès** エルメス ▶P148
- ㊿ **La Vaisselerie** ラ・ヴェセルリー ▶P148
- ㊺ **Christofle** クリストフル ▶P149

Plan de Paris

- bd. Haussmann
- ❸ **Templier** タンプリエ ▶P16
- rue Chauchat
- rue Drouot
- rue Rossini
- Ⓜ RICHELIEU DROUOT
- rue St. Foy
- rue du Caire
- rue du Cléry
- rue d'Aboukir
- rue du Sentier
- bd. des Italiens
- rue de Richelieu
- rue de Vivienne
- rue Notre Dame des Victoires
- REAUMUR SEBASTOPOL Ⓜ
- rue Réaumur
- Ⓜ SENTIER
- rue du 4 Septembre
- Ⓜ QUATRE SEPTEMBRE
- rue du Mail
- rue Montmartre
- rue du Turbigo
- ㊳ **A.Simon** ア・シモン ▶P141
- ETIENNE MARCEL Ⓜ
- rue Etienne Marcel
- ❽ **La Bovida** ラ・ボヴィダ ▶P29
- ㊲ **Mora** モラ ▶P140
- rue des Petits Champs
- rue du Valois
- rue du Louvre
- rue Rambuteau
- Ⓜ LES HALLES
- bd. de Sébastopol
- ⓱ **Monoprix** モノプリ ▶P89
- Ⓜ PYRAMIDES
- rue St Roch
- ㊱ **E.Dehillerin** ウ・ドゥイルラン ▶P138
- rue du Colonel Driant
- rue Berger
- Ⓜ CHATELET
- ㊺ **Astier de Villatte** アスティエ・ドゥ・ヴィラット ▶P146
- rue de Rivoli
- PALAIS ROYAL MUSEE DU LOUVRE
- LOUVRE RIVOLI Ⓜ
- Musée du Louvre ルーヴル美術館
- ㊸ **Le Cèdre Rouge** ル・セードル・ルージュ ▶P146
- ㊷ **Vilmorin** ヴィルモラン ▶P146
- av.Victoria
- Jardin des Tuileries チュイリー公園
- PONT NEUF Ⓜ
- quai de la Mégisserie

B. マレ

N
rue de Bretagne
ST SEBASTIEN FROISSART
bd. Beaumarchais
rue du Temple
rue Charlot
rue du Saintouge
rue du Vieille du Temple
rue de Turenne
(44) Le Petit Atelier de Paris
ル・プティ・アトリエ・ドゥ・パリ ▶P146
rue de Montmorency
rue Beaubourg
RAMBUTEAU
rue des 4 Fils
(63) Les Touristes
レ・トゥーリスト ▶P148
rue des Blancs Manteaux
rue des Francs Bourgeois
(59) Home Autour du Monde
ホーム・オトゥール・デュ・モンド ▶P148
(55) Fleux'
フリュックス ▶P147
rue Sainte Croix de la Bretonnerie
(68) Oliviers & Co.
オリヴィエ・エ・コー ▶P149
rue de Sévigné
(60) Mariage Frères
マリアージュ・フレール ▶P148
(70) Vert d'Absinthe
ヴェール・ダブサント ▶P149
rue d'Ormesson
(69) Luka Luna
ルカ・ルナ ▶P149
rue du Bourg Tibourg
⑩ Cuisinophilie
キュイジノフィリー ▶P37
rue de la Verrerie
⑱ Le Cygne Rose
ル・シーニュ・ローズ ▶P91
rue St. Antoine
㊽ BHV
ベーアッシュヴェ ▶P146
rue du Rivoli
ST PAUL
HOTEL DE VILLE
㉑ Au Passe Partout
オ・パス・パルトゥ ェ ▶P94
⑫ Folle du Logis
フォル・デュ・ロジ ▶P41
⑲ EW
ウードゥブルヴェ ▶P92
rue des Jardins
rue Charles
rue Saint Paul
⑳ Au Petit Bonheur la Chance
オ・プティ・ボヌール・ラ・シャンス ▶P93
voie G. Pompidou
rue de l'Ave Maria
PONT MARIE
Quai des Célestins
㉒ L'Angelus
ランジエリュス ▶P95
⑬ J.Kieken
ジー・キーケン ▶P49
⑥ Francine Dentelles
フランシーヌ・ダンテル ▶P23
⑤ Au fil d'Elise
オ・フィル・デリーズ ▶P22
rue le Regrattier
サンルイ島
SEINE

C. サンジェルマン

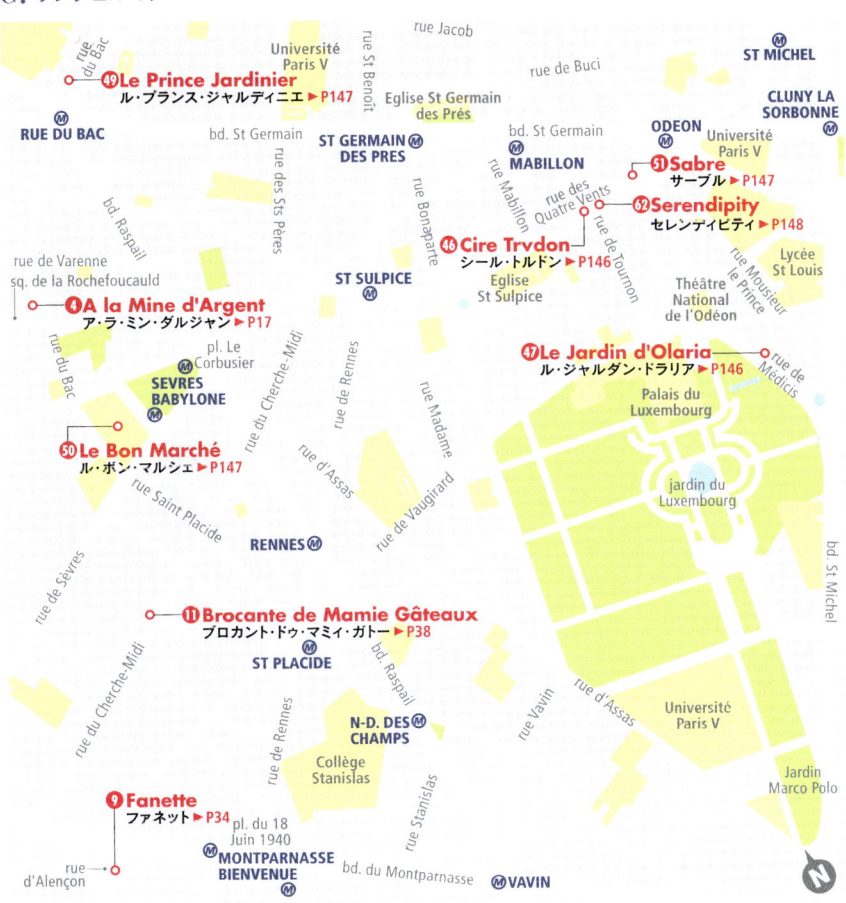

- **㊾ Le Prince Jardinier** ル・プランス・ジャルディニエ ▶P147
- **❹ A la Mine d'Argent** ア・ラ・ミン・ダルジャン ▶P17
- **㊿ Le Bon Marché** ル・ボン・マルシェ ▶P147
- **⓫ Brocante de Mamie Gâteaux** ブロカント・ドゥ・マミィ・ガトー ▶P38
- **❾ Fanette** ファネット ▶P34
- **㊻ Cire Trvdon** シール・トルドン ▶P146
- **㊼ Le Jardin d'Olaria** ル・ジャルダン・ドラリア ▶P146
- **㊱ Sabre** サーブル ▶P147
- **㊷ Serendipity** セレンディピティ ▶P148

D. クリニャンクール

- **❶ Bachelier Antiquités** バシュリエ・アンティキテ ▶P10
- **⓯ Puces de Clignancourt** クリニャンクールの蚤の市 ▶P66

E. マジャンタ大通り周辺

- **㉚ Loulou les Ames Arts** ルル・レ・ザーム・アール ▶P131

Plan de Paris 155

F. ポパンクール

PARMENTIER
Av. de la République

- ㉗ **Recycling**
  リサイクリング ▶P102
- ㉖ **La Maison**
  ラ・メゾン ▶P101
- ㉓ **Belle Lurette**
  ベル・リュレット ▶P97
- ㉔ **Trolls et Puces**
  トロール・エ・ピュス ▶P98
  ・rue du Marchè-Popincourt
- ㉕ **Déviations**
  デヴィアシオン ▶P100
- ㉘ **Alasinglinglin**
  アラサングラングラン ▶P103

rue Ternaux
Av. Parmentier
rue de Folie Méricourt
bd. Voltaire
rue Lacharíère

ST AMBROISE

G. ルドリュ・ロラン

CHARONNE
Pas. Bullourde
Pas. Thiéré
rue Keller
Av. Ladru Rollin
rue Godefroy Cavaignac
rue de Charonne
rue J Masé
rue P. Bert
rue St-Bernard
Pas. St-Bernard
rue de Candie
rue Faidherbe

- ㊼ **Carouche**
  カルッシュ ▶P149
- ㊳ **Broc2bars**
  ブロックドゥバール ▶P134
- ㊺ **Vis à Vis**
  ヴィ・ザ・ヴィ ▶P147
- ㊾ **Caravane Emporium**
  カラヴァンヌ・エンポリウム ▶P147
- ㊴ **Quincaillerie Leclercq**
  カンカイユリ・ルクレール ▶P142

LEDRU ROLLIN
rue St-Nicolas
av. Ledru Rollin
rue du Faubourg St Antoine
FAIDHERBE CHALIGNY

156

H. ピガール〜モンマルトル

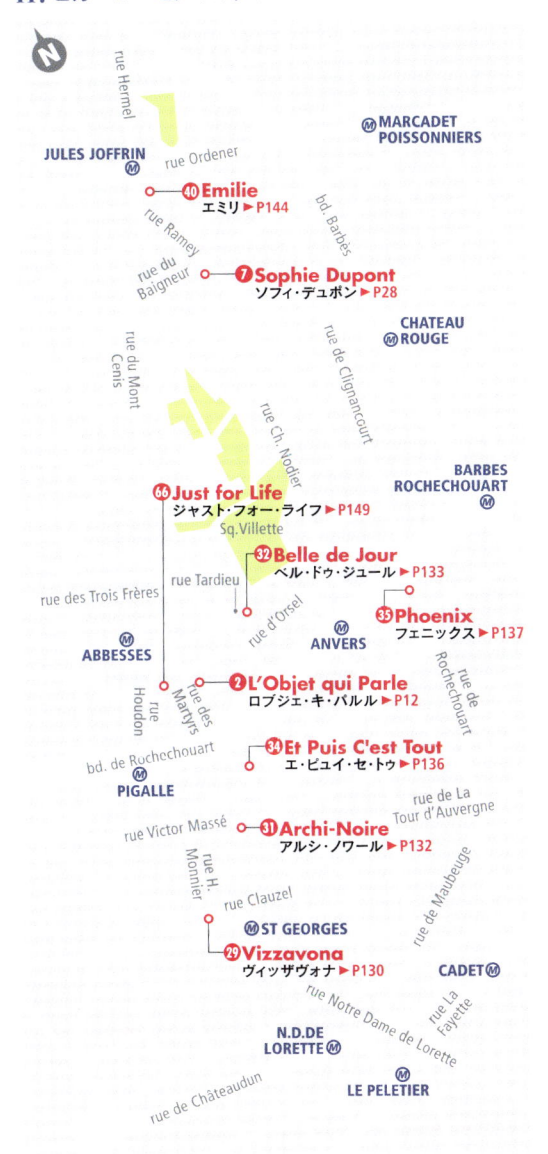

JULES JOFFRIN
rue Hermel
rue Ordener
MARCADET POISSONNIERS
bd. Barbès
rue Ramey
40 Emilie
エミリ ▶P144
rue du Baigneur
7 Sophie Dupont
ソフィ・デュポン ▶P28
CHATEAU ROUGE
rue du Mont Cenis
rue de Clignancourt
rue Ch. Nodier
BARBES ROCHECHOUART
66 Just for Life
ジャスト・フォー・ライフ ▶P149
Sq.Villette
rue Tardieu
rue des Trois Frères
32 Belle de Jour
ベル・ドゥ・ジュール ▶P133
rue d'Orsel
35 Phoenix
フェニックス ▶P137
ANVERS
ABBESSES
rue Houdon
rue des Martyrs
2 L'Objet qui Parle
ロブジェ・キ・パルル ▶P12
rue de Rochechouart
bd. de Rochechouart
PIGALLE
34 Et Puis C'est Tout
エ・ピュイ・セ・トゥ ▶P136
rue Victor Massé
31 Archi-Noire
アルシ・ノワール ▶P132
rue de La Tour d'Auvergne
rue H. Monnier
rue Clauzel
rue de Maubeuge
ST GEORGES
29 Vizzavona
ヴィッザヴォナ ▶P130
rue Notre Dame de Lorette
rue La Fayette
CADET
N.D.DE LORETTE
rue de Châteaudun
LE PELETIER

I. シャンゼリゼ大通り

GEORGE V
56 Ladurée
ラデュレ ▶P147
rue Lincoln
av. des Champs-Elysées
av. George V
rue Pierre Charron
rue François 1er

J. モンジュ大通り周辺

rue Monge
41 Droguerie Leprince
ドログリイ・ルプランス ▶P146
rue des Patriarches
CENSIER DAUBENTON
rue Daubenton
rue Censier
14 La Tuile à Loup
ラ・テュイル・ア・ルー ▶P63
rue Claude Bernard

K. ヴァンヴ

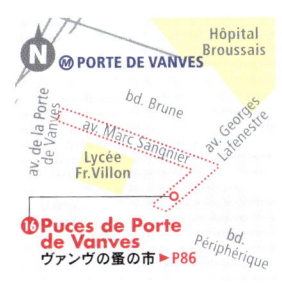

Hôpital Broussais
PORTE DE VANVES
bd. Brune
av. de la Porte de Vanves
av. Marc Sangnier
av. Georges Lafenestre
Lycée Fr.Villon
16 Puces de Porte de Vanves
ヴァンヴの蚤の市 ▶P86
bd. Périphérique

Plan de Paris 157

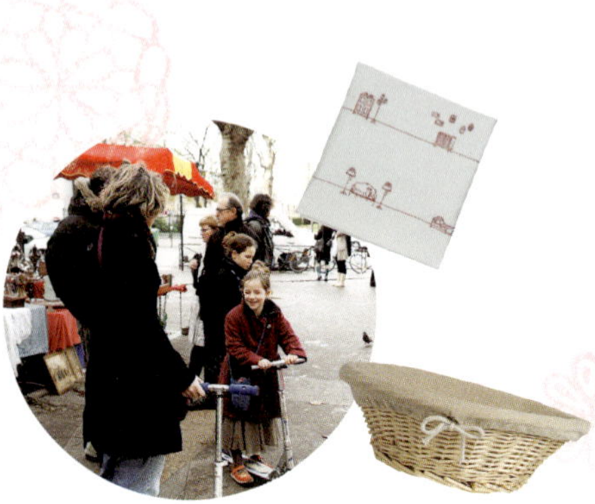

＊本書は『フィガロジャポン』2010年6月号「パリのビストロ、パリの食器。」、2009年1月5・20日号「アンティークとカフェは、パリの文化です。」、2008年2月20日号「パリの生活雑貨。」の各特集を再編集したものです。

photos：JEAN-MARC TINGAUD (P9-13, P26-41),
MANABU MATSUNAGA (P10-11, P66-85, P91-103, P106-109, P114-127, P131-137, P144-149), TAKESHI DOI (P15-25, P42, P50-57, P64),
KHALIL (P44-49), MASATOSHI UENAKA (P58-63),
NORIO KIDERA (P86-89, P104, P110-113, P128, P130, P138-143, P146-149)
stylisme：FUMIKO SAKUHARA (P86-89, P128)
réalisation：HIROKO SUZUKI (P8-13, P26-41),
MARIKO OMURA/PARIS OFFICE (P44-49), MIHOKO NAKAMURA (P58-63, P66-86, P90-103, P106-121, P131-137, P144-145)
coordination：HIROKO SUZUKI (P14-25, P50-57, P86-89, P122-127, P130, P138-143), MINA TAKAYAMA (P138-143)
texte：MIHOKO NAKAMURA (P147-149)
collaboration：SHOKO SAKAI (P66-86)
cartes：DESIGN WORKSHOP JIN, inc.

madame FIGARO Books

パリの雑貨とアンティーク。

| 2011年3月26日 | 初　　版 |
| 2013年2月26日 | 初版第3刷 |

編　者　　フィガロジャポン編集部
発行者　　五百井健至
発行所　　株式会社阪急コミュニケーションズ

〒153-8541　東京都目黒区目黒1丁目24番12号
電話　03-5436-5721（販売）
　　　03-5436-5735（編集）
振替　00110-4-131334

ブックデザイン　SANKAKUSHA
カバーデザイン　増井かおる（SANKAKUSHA）

印刷・製本　　大日本印刷株式会社

©HANKYU COMMUNICATIONS Co., Ltd., 2011
Printed in Japan
ISBN978-4-484-11204-6

乱丁・落丁本はお取り替えいたします。
本書掲載の写真・記事の無断複写・転載を禁じます。

madame FIGARO Books

フィガロ・ブックスシリーズ 好評刊行中

001
パリのお菓子。

フィガロジャポン編集部＊編

伝統の味が愛される街はずれの人気店や
パリジェンヌが教える
とっておきの1軒など、パリのお菓子が
ぎゅっとつまったガイドブック。
とろけるような魅惑のお菓子を求めて、
おいしいパリ散歩に出かけよう。

ISBN978-4-484-10227-6　128ページ　1500円

002
パリのビストロ。

フィガロジャポン編集部＊編

パリのおいしさを全制覇する20区ビストロガイド。
パリジャン流ビストロの楽しみ方、
星付き出身シェフの店、
名店の定番料理レシピ……。
家族と友だちと恋人と、幸せな時間と味を
分かち合う普段着のパリがここに。

ISBN978-4-484-10234-4　136ページ　1500円